सौंदर्य विशेषज्ञ की सलाह पर आधारित

आधुनिक नारी
– सौंदर्य एवं फिटनेस

आशारानी व्होरा
अरुण सागर 'आनन्द'

वी एण्ड एस पब्लिशर्स

प्रकाशक

वी एण्ड एस पब्लिशर्स

F-2/16, अंसारी रोड, दरियागंज, नई दिल्ली-110002
☎ 23240026, 23240027 • फैक्स: 011-23240028
E-mail: info@vspublishers.com • *Website:* www.vspublishers.com

क्षेत्रीय कार्यालय : हैदराबाद
5-1-707/1, ब्रिज भवन (सेन्ट्रल बैंक ऑफ इण्डिया लेन के पास)
बैंक स्ट्रीट, कोटी, हैदराबाद-500 095
☎ 040-24737290
E-mail: vspublishershyd@gmail.com

शाखा : मुम्बई
जयवंत इंडस्ट्रिअल इस्टेट, 2nd फ्लोर - 222,
तारदेव रोड अपोजिट सोबो सेन्ट्रल मॉल, मुम्बई - 400 034
☎ 022-23510736
E-mail: vspublishersmum@gmail.com

फ़ॉलो करें:

हमारी सभी पुस्तकें **www.vspublishers.com** पर उपलब्ध हैं

प्रकाशकीय

सुंदर दिखना हर किसी की चाहत होती है, लेकिन आजकल की व्यस्त दिनचर्या में आपके पास इतना समय नहीं होता कि आप अपनी त्वचा को निखारने में ज्यादा समय दें। बाजार में सौंदर्य संबंधी ढेरों उत्पाद मौजूद हैं, लेकिन उनमें कई प्रकार के केमिकल्स का प्रयोग होता है। यह त्वचा के लिए नुकसानदेह भी हो सकते हैं। इसके लिए जरूरी है कि वे इसका कम से कम प्रयोग करें। आप अपनी कोमल त्वचा घरेलू नुस्खों की मदद से भी निखार सकती हैं।

इस प्रस्तुत पुस्तक में स्त्रियों के सौन्दर्य–उपचार की चर्चा में लेखक ने अनेक अध्यायों में किया है, जिससे स्त्रियाँ अपने सौन्दर्य व स्वास्थ्य के प्रति जागरूक हो सकती हैं। आशा है, इस पुस्तक का महिला पाठिकाओं द्वारा स्वागत होगा और वे इसे सहर्ष अपनायेंगी।

–प्रकाशक

आज की नारी : छू लिया आसमाँ

नारी की महत्त्वाकांक्षा ने जब उड़ान भरी, तो उसने अपने हर सपने को सच करने की क़ाबिलीयत दुनिया को दिखाकर यह साबित कर दिया कि वह भी योग्यता में पुरुषों से कम नहीं है। कैरियर के प्रति वह इतनी सचेत हो गयी कि सफलता की सीढ़ियाँ चढ़ते-चढ़ते वह उस मुक़ाम पर पहुँच गयी, जहाँ परिवार को समय दे पाना उसके लिए मुश्किल होने लगा। आधुनिक जीवनशैली की आवश्यकताओं की पूर्ति करने के लिए चूँकि नारी का काम करना ज़रूरी हो गया, इसलिए पुरुष भी उसे सहयोग देने के लिए आगे आया और 'डबल इनकम, नो किड्स' की धारणा ज़ोर पकड़ने लगी।

अपने निज की चाह व भौतिक सुख-साधनों में जुटी नारी चाहे कितनी भी आगे क्यों न निकल जाये, पर कभी-कभी उसे यह एहसास अवश्य होने लगता है कि मातृत्व-सुख से बढ़कर न तो कोई सुखद अनुभूति होती है, न ही सफलता। यही वजह है कि शुरू-शुरू में कैरियर के कारण माँ बनने की खुशी से वंचित रहने वाली नारियाँ भी आज 30-35 वर्ष की आयु पार करके भी गर्भधारण करने को तैयार हो जाती हैं। देर से ही सही, किन्तु ज़्यादा उम्र हो जाने के बावजूद वे प्रेगनेंसी (गर्भावस्था) में होने वाली दिक्कतों का सहर्ष सामना करने को तैयार हो जाती हैं। उस समय न तो कैरियर की बुलन्दियाँ उन्हें रोक पाती हैं, न ही कोई और चाह।

कुदरत से मिला अनमोल उपहार

कुदरत से मिला माँ बनने का अनमोल उपहार नारी के लिए सबसे बेहतरीन उपहार है। वह इसके हर पल का न सिर्फ़ आनन्द उठाती है, बल्कि उसे इस खूबसूरत एहसास को अनुभूत करने का गर्व भी होता है। मातृत्व का प्रत्येक पहलू औरत को पूर्णता का एहसास दिलाता है। माँ बनते ही अचानक वह उदर-शिशु के साथ सोने-जागने, बात करने व साँस लेने लगती है।

माँ बनना एक ऐसा भावनात्मक अनुभव है, जिसे किसी भी नारी के लिए शब्दों में व्यक्त करना असम्भव होता है। बच्चे के जन्म के साथ उसे जो खुशी मिलती है, वह उसे बड़ी-से-बड़ी कामयाबी हासिल करके भी नहीं मिल पाती है। नारी की ज़िन्दगी बच्चे के जन्म के साथ ही पूरी तरह बदल जाती है।

जब अपने ही शरीर का एक अंश गोद में आकर अपने नन्हे-नन्हे हाथों से अपनी माँ को छूता है और जब माँ उस फूल से कोमल जादुई करिश्मे को अपने सीने से लगाती है, तो उसे महसूस होता है कि उसे ज़िन्दगी की वह हर खुशी मिल गयी है, जिसकी उसने कभी कल्पना भी न की थी।

वास्तव में, शिशु का जन्म जीवन में होने वाली ऐसी जादुई वास्तविकता है, जो औरत की ज़िन्दगी की प्राथमिकताएँ, सोच व सपनों को ही बदल देती है। एक शिशु को जन्म देने के बाद औरत की दुनिया उस पर ही आकर सिमट जाती है।

माँ बनना अगर एक नैसर्गिक प्रक्रिया है, तो एक सुखद एहसास भी है। यह कुदरत की एक बहुत ही अनोखी प्रक्रिया है, जिसमें सहयोग तो स्त्री-पुरुष दोनों का होता है, पर प्रसवपीड़ा और जन्म देने का सुख सिर्फ़ नारी के ही हिस्से में आता है। जब एक नारी अपने रक्त-माँस से सींचकर, अपनी कोख में एक अंश को 9 महीने रखकर उसे जन्म देती है, तो उसके लिए यह सबसे गर्व की बात होती है, उसकी सबसे बड़ी उपलब्धि होती है।

दुनिया सिमट जाती है

अपने बच्चे की किलकारी, मुस्कराहट व खिले हुए मासूम चेहरे को देखकर नारी प्रसवपीड़ा को किसी बीती रात के सपने की तरह भूल जाती है। उसे सीने से लगाकर जब वह दूध पिलाती है, तो गर्भधारण करने से लेकर जन्म के बीच तक झेली गयी तमाम शारीरिक व मानसिक पीड़ाएँ कहीं लुप्त हो जाती हैं।

कहा जाता है कि शिशु के जन्म के समय एक तरह से नारी का दोबारा जन्म ही होता है, लेकिन शिशु के गोद में आते ही वह अपनी तकलीफ़ भूलकर उसे पालने-पोसने में जी-जान से जुट जाती है।

नारी चाहे पढ़ी-लिखी हो या अनपढ़, ग़रीब हो या अमीर, किसी उच्चपद पर आसीन हो या आम गृहिणी, माँ बनने के सुख से वंचित नहीं रहना चाहती है और इसलिए परिस्थिति चाहे जैसी हो, वह इस अनुभूति को महसूस करना ही चाहती है। यही एकमात्र ऐसी भावना है, जो एक तरफ़ तो नारी को बड़ी से बड़ी चुनौतियों का सामना करने की हिम्मत देती है, तो दूसरी ओर इसके लिए वह अपनी बड़ी-से-बड़ी खुशी या चाह को भी दाँव पर लगा सकती है। ऐसा न होता तो कैरियर के ऊँचे मुक़ाम पर पहुँची नारियाँ माँ बनने के बाद सब कुछ सिर्फ़ माँ ही की भूमिका नहीं निभा रही होतीं। नारी अपने बच्चे से ज़्यादा अपनी महत्त्वाकांक्षाओं को भी माँ बनते ही सीमित कर देती है, क्योंकि उसकी नज़रों में माँ बनना ही सर्वोत्तम उपलब्धि है।

माँ बनना ही असली पहचान

आज की प्रोफ़ेशनल महिला, जो हर तरह से सक्षम है और अन्तरिक्ष तक पहुँच चुकी है, पर्वतों की ऊँची-ऊँची चोटियों पर सफलता के परचम लहरा चुकी है, पायलट, नेता, डाक्टर, इंजीनियर व सेना आदि क्षेत्रों में हैं, उसके लिए भी माँ बनना सर्वोत्तम उपलब्धि है। फ़ैशन व ग्लैमर जगत से जुड़ी नारियाँ, जिन्हें हर समय अपनी फिगर के लिए कांशस (सावधान) रहना पड़ता है, वे भी बेशक उस चकाचौंध भरी दुनिया के सामने किसी सेक्स सिम्बल या ग्लैमरस ऑब्जेक्ट (दिखावटी चीज़) से ज़्यादा कुछ न हो, पर उसके पीछे वे एक ऐसी माँ भी होती हैं, जो बच्चे की ख़ातिर कुछ भी तैयार करने को तत्पर रहती हैं। नारी चाहे किसी भी क्षेत्र में कामयाब क्यों न हो जाये, पर माँ बनना ही उसकी असली पहचान होती है। माँ होने पर ही उसे समाज और परिवार से इज़्ज़त मिलती है।

आज जब नारी एक तरफ़ विवाह-बन्धन से दूर भाग रही हैं या परिस्थितिवश ऐसा क़दम नहीं उठा पातीं, तब भी एक अकेली नारी अपनी मातृत्व की चाह पूरी करने को आतुर है। सिंगर मदर (अकेली माँ) की अवधारणा का हमारे देश में ज़ोर पकड़ने का कारण यही है कि हर नारी, चाहे वह साधारण स्त्री हो या सिलेब्रिटी (प्रसिद्ध), माँ बनने के सुख से वंचित नहीं रहना चाहती है। फिर इसके लिए जो नारियाँ शारीरिक रूप से फ़िट न होने या अन्य किसी कमी के चलते स्वयं माँ नहीं बन पातीं, वे 'सेरोगेट मदर' का सहारा लेती है। 'सेरोगेट मदर' बनने का चलन इसी वज़ह से बहुत बढ़ रहा

है, क्योंकि इससे एक नारी दूसरी नारी को वह खुशी देती है, जिसे वह अपनी कोख़ में नहीं पाल सकती। भारतीय सरकार का 'पद्मश्री' जैसा उच्चतम सम्मान पाने के वक़्त अभिनेत्री माधुरी दीक्षित ने कहा था कि उन्हें अभिनय छोड़ने का कोई अफ़सोस नहीं है, क्योंकि उनके दोनों बच्चे उनके लिए सबसे बड़े अवार्ड हैं और उन्होंने ही उन्हें खूबसूरत होने का एहसास दिलाया है

अच्छी सेहत के लिए ज़रूरी

माँ बनना एक नारी के लिए सर्वोत्तम उपलब्धि और सम्पूर्ण होने का एहसास तो है ही, साथ ही पति-पत्नी के रिश्ते में बच्चा एक पुल की तरह भी काम करता है। उसके ज़रिये माता-पिता को और क़रीब आने का अवसर मिलता है। लेकिन यह भी सच है कि माँ बनने के लिए किसी भी नारी के लिए स्वस्थ रहना अनिवार्य है। माँ बनने से वह कई तरह की बीमारियों से भी बच जाती है और मानसिक तौर पर प्रसन्न भी रहती है। जो नारियाँ माँ नहीं बन पातीं, वे सदा अपने अन्दर एक ख़ालीपन, एक अधूरापन महसूस करती हैं, फिर चाहे वे किसी कम्पनी की सीईओ या मशहूर हस्ती ही क्यों न हों।

अविवाहित नारी के यौनांगों का प्राकृतिक ढंग से इस्तेमाल न होने और गर्भाशय का प्रयोग न होने की वजह से उन्हें कैंसर होने की सम्भावना रहती है। जन्म न देने की प्रक्रिया से न गुज़र पाने की अवस्था में उनके शारीरिक विकास में भी बाधा पड़ती है। स्तनपान कराना अगर एक तरफ़ नारी के लिए सबसे सुखद पल होता है, तो दूसरी ओर शिशु के स्वास्थ्य के साथ-साथ उसकी अपनी सेहत के लिए भी बहुत फ़ायदेमन्द होता है। जन्म देने के एकदम बाद बच्चे के स्तनपान के कारण 'ऑक्सीटोसिन' बार-बार निकलता है, जिसकी वजह से 'यूटरस' में संकुचन होता है। यह माँ को डिलीवरी के बाद होने वाले हैमरेज (खून बहना) से बचाता है। यही नहीं, लेक्टेशन एमेनेरिया मैथेड भविष्य में प्रेगनेंसी को रोकने का सबसे कारगर तरीक़ा है। माँ बनने से हारमोन का स्तर बढ़ता रहता है, जो शरीर को सुरक्षित रखता है। माँ बनने से ऐंड्रेमेट्रोसिस नामक बीमारी से भी बचाव होता है

सबसे बड़ी प्राथमिकता

माँ की भूमिका निभाने से बेहतर और चुनौतीपूर्ण कोई और कार्य हो ही नहीं सकता है। माँ बनना एकमात्र ऐसा अनुभव है, जिसमें एक नारी को कई तरह के शारीरिक, मानसिक व भावनात्मक पड़ावों से गुज़रना पड़ता है, लेकिन एक शिशु को इस दुनिया में लाने से बढ़कर खुशी, उपलब्धि व सफलता उसके के लिए कोई हो ही नहीं सकती है और यह एकमात्र ऐसी प्राथमिकता है, जो समय के साथ बदलती नहीं, बल्कि और सुदृढ़ होती जाती है। माँ होने की पहचान के साथ ही दुनिया पहले जैसी नहीं रहती।

माँ बनना एक नारी की ज़िन्दगी में होने वाला ऐसा व्यापक बदलाव होता है, जिससे उसकी पूरी दुनिया ही निखर उठती है। बच्चे को जन्म देने से पहले वह एक नारी होती है, पर जब वह बच्चे को जन्म देती है या उसे गोद लेती है तो वह माँ बन जाती है। मन:स्थिति और सम्बन्धों की नयी परिभाषाएँ वह गढ़ने लगती है। मातृत्व के दायित्व को निभाने में उसे जो सुख मिलता है, वह उसकी सफलता के तमाम शिखरों से भी कहीं ज़्यादा ऊँचा होता है

ज़रूरी है फिटनेस

कामकाजी महिला व पुरुष का सारा समय घर व ऑफिस की व्यस्तता में ही ख़र्च हो जाता है। हाउसवाइफ

(गृहिणियाँ) सुबह से शाम तक परिवार की सेवा व घर के काम में ही लगी रह जाती हैं। यदि बात करें विद्यार्थियों की, ख़ासकर कॉलेज के विद्यार्थियों की, तो उनकी भी दिनचर्या कुछ व्यस्त ही होती है। सुबह उठकर, खा-पीकर कॉलेज जाना, क्लास अटेण्ड करना, दोस्तों के साथ मस्ती करना, फ़िल्म देखना, घर आना, टीवी देखना, दोस्तों से चैट करना, खाना खाना और फिर सो जाना। ऐसी ही दिनचर्या होती है कॉलेज जाने वाले विद्यार्थियों की। व्यस्तता के बीच फिटनेस पर ध्यान देने का समय किसके पास है।

अब आप ज़रा एक नज़र डालिए मिस्टर आनन्द जी पर! इनका तो पेट बाहर आने लगा है। इसके साथ-साथ आप मिसेज वर्मा को भी एक नज़र देखिए। ये दो लोगों की सीट पर अकेले बैठती हैं और अगर वह सोफ़े पर बैठें, तो बाक़ियों को उठना पड़ता है। यह सब तो इनके साथ होना ही था, क्योंकि इन्होंने अपने जीवन में कभी फिटनेस को ज़रूरी मन्त्र जो नहीं समझा।

इनके जान-पहचान वालों ने जब इन्हें इनके मोटापे के लिए टोका, तो इन्होंने अपना फ़िटनेस का प्रोग्राम बना लिया, लेकिन सवाल यह उठता है कि यह फ़िटनेस के प्रोग्राम की घण्टी बजायी कब जाये? ऐसी बात तो हम आपको बताते हैं कि आपको फ़िटनेस की शुरुआत कब करनी चाहिए।।

कब करें शुरुआत?

शरीर को फ़िट रखने के लिए नियमित रूप से सुबह व शाम के समय या फिर कम से कम एक समय एक्सरसाइज़ करना ज़रूरी है। इसके लिए आपको किसी शारीरिक परेशानी की दस्तक का इन्तज़ार करने की ज़रूरत नहीं है। एक्सरसाइज़ से शरीर को फ़ायदा ही होता है।

आज की भाग-दौड़ भरी ज़िन्दगी में ऐसे कई लोग हैं, जो इसके लिए समय न निकाल पायें। ऐसे लोग चाहें तो सप्ताह में तीन दिन जिम जा सकते हैं।

सुबह के समय सिर्फ़ 15 मिनट का व्यायाम ही शुरुआत में काफ़ी है। जब आपको आदत हो जाये, तो धीरे-धीरे समय को बढ़ाकर आधा घण्टा कर सकते हैं। अपनी व्यस्त ज़िन्दगी से महज़ आधा घण्टा निकालकर भी अगर कोई व्यायाम करे, तो ऐसा करना व्यायाम बिलकुल ही न करने से तो बेहतर है।

देखा गया है कि कई लोग अपनी दिनचर्या में होने वाली मेहनत को ही एक्सरसाइज़ का पर्याय मान लेते हैं। जैसे घरेलू महिलाएँ घर का सारा दिन करने वाले काम को, कामकाजी लोग दिन भर ऑफ़िस के काम के लिए होने वाली दौड़धूप को काफ़ी मान लेते हैं।

डाक्टरों की राय में दिनचर्या को एक्सरसाइज़ का पर्याय मान लेना ग़लत है। सुबह के समय व्यायाम करना सर्वोत्तम है। डाक्टर यह भी कहते हैं कि ऐसा कोई मानदण्ड नहीं है, जो यह निर्धारित करे आपको कब व्यायाम करना है। जो लोग व्यायाम नहीं करते हैं, वे जब किसी शारीरिक परेशानी के कारण डाक्टर के पास जाते हैं, तो डाक्टर भी उन्हें एक्सरसाइज़ करने की सलाह देते हैं, पर यह ज़रूरी नहीं कि एक्सरसाइज़ करने के लिए आप डाक्टर की सलाह का इन्तज़ार करें। अगर आपने अब तक एक्सरसाइज़ करना शुरू नहीं किया है, तो अब कर दें।

कुछ ऐसे भी लोग हैं, जो बढ़ती उम्र या किसी शारीरिक परेशानी के कारण चाहते हुए भी एक्सरसाइज़ नहीं कर पाते, पर मोटापे से छुटकारा पाना चाहते हैं। ऐसे तमाम लोगों के लिए सही उपाय है, फ़िटनेस केन्द्र जैसे कि वीएलसीसी, पर्सनल प्वाइण्ट आदि। फ़िटनेस केन्द्र आपके शरीर के अनुसार आपका फ़िटनेस प्रोग्राम बनाते हैं व विभिन्न मशीनों की सहायता से शरीर के फैट को घटाकर काया को सही आकार देने में मदद करते हैं।

खानपान पर नियन्त्रण ज़रूरी

फ़िटनेस प्रोग्राम आपने शुरू कर दिया, पर इसके साथ-साथ आपको अपने खाने की आदतों को भी नियन्त्रित करने की ज़रूरत है ख़ासकर गृहिणियों को। आप अपने बच्चों के व पति की थाली का बचा हुआ खाना खाने या (थोड़ा बना हुआ) सारा खाना खत्म करने की आदत को छोड़ दें। साथ ही कामकाजी लोगों को अपना भोजन नियमित समय पर लेने की आदत डालनी चाहिए। भोजन कभी न छोड़ें।

जिस तरह एक गाड़ी को चलाने के लिए सभी पुरज़े सही होने के साथ-साथ उसमें पेट्रोल या डीजल भी डालना पड़ता है, उसी प्रकार इस शरीर को स्वस्थ रखने के लिए एक्सरसाइज़ करने के साथ-साथ सही मात्रा व सही समय पर भोजन भी ज़रूरी है।

समय—समय पर इलाज

अपने शरीर को चुस्त-दुरुस्त रखने के लिए नियमित एक्सरसाइज़ करना ज़रूरी है, यह तो आप समझ ही गये होंगे, पर आपको डाक्टर से हेल्थ चेकअप कराना भी ज़रूरी है।

कुछ ध्यान देने योग्य बातें

- फ़िटनेस प्रोग्राम को शुरू करने के लिए किसी डाक्टरी सलाह या शारीरिक परेशानी का इन्तज़ार करने की ज़रूरत नहीं।
- एक्सरसाइज़ के साथ अपने भोजन को भी नियन्त्रित व नियमित करें।
- भोजन में दालें, हरी सब्जियाँ, जूस आदि लें।
- फास्ट-फूड को बाय-बाय करें।
- दिनभर की दिनचर्या एक्सरसाइज़ नहीं होती।
- चिन्तामुक्त व खुश रहें।
- डाइटिंग करनी है, तो डाइटीशियन की सलाह ज़रूर लें।

विषय-सूची

भाग - 1
सौन्दर्य-सम्बन्धी

जानें नये ब्यूटी टिप्स

आज ज़रूरत खूबसूरती पाने की ही नहीं, बल्कि उसे निखारने और बरक़रार रखने की भी है। तभी तो पुराने तौर–तरीक़ों को छोड़कर अब खूबसूरती को और निखारने के लिए नये–नये एक्सपैरिमेण्ट व ट्रीटमेण्ट का दौर चल पड़ा है। यही वजह है कि सुन्दरता अब नेचर की ही मुहताज़ नहीं, बल्कि ब्यूटी को निखारने का काम अब ब्यूटीपार्लर्स द्वारा भी बखूबी किया जाने लगा है।

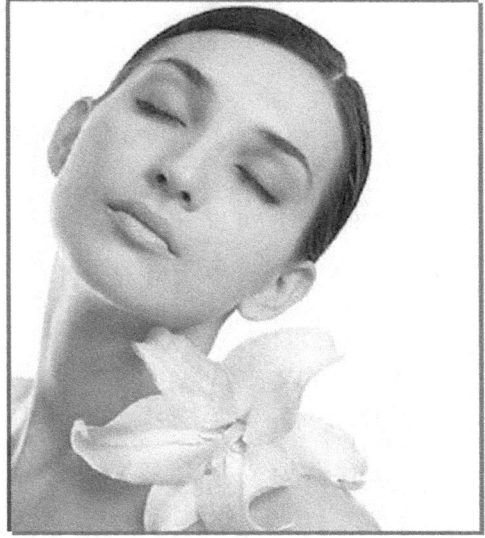

मुँहासों को कहें बाय–बाय

- मुँहासों के लिए नींबू के बजाय आक्साइड या सैलिसाइक ऐसिडयुक्त क्लींजर का इस्तेमाल करने के बाद टोनर का प्रयोग ज़रूर करें। इससे 1 हफ़्ते में मुँहासे दूर हो जायेंगे।
- मुँहासे होने पर प्रभावित जगह पर बिना जैल वाला टूथपेस्ट 15 मिनट तक लगाकर रखें और बाद में ठण्डे पानी से धो लें। यह मुँहासे सुखाने में मदद करेगा।

हेयर स्पा से लायें बालों में ताज़गी

अगर आप शैम्पू व कण्डीशनर के पुराने तरीक़ों को आजमा–आजमा कर बोर हो चुकी हैं, तो अपने बालों में फिर से नयी जान लाने के लिए 'हेयर स्पा थेरैपी' आजमा सकती हैं।

चूँकि स्पा में पानी के लेवल को मेण्टेन किया जाता है, इसलिए यह बालों के बेजान व रूखा होने, डैण्ड्रफ, फंगल इंफेक्शन, उनके झड़ने जैसी सभी समस्याओं से छुटकारा दिलाने का नया व अनोखा ट्रीटमेण्ट है। स्पा में अलग–अलग क़िस्म के बालों के लिए अलग–अलग क़िस्म के 'स्पा मसाज' उपलब्ध हैं, जैसे एक्स्ट्रा केयर हेयर स्पा, कलर शील्ड स्पा, मोइश्चराइजर बूस्ट स्पा, स्मूथ शील्ड स्पा, स्मूथ ऐण्ड सॉफ़्ट स्पा, डैण्ड्रफ कण्ट्रोल स्पा, ग्रोथ इनहैंसिंग स्पा, एवर यंग हेयर स्पा आदि।

लगातार झड़ते बालों के लिए बायोटीनयुक्त ड्रिंक लें। केले को दही, शहद व लो फैट दूध के साथ मिलाकर कुछ हफ़्तों तक रोज़ाना पीयें।

टैनिंग

- त्वचा पर जगह–जगह आई टैनिंग को कम करने के लिए नींबू को एलोवेरा जैल व क्रीम के साथ मिक्स कर प्रभावित स्थानों पर लगायें।
- बादाम, पुदीने की पत्तियाँ, दलिया व बादाम के तेल को मिलाकर पेस्ट बनायें और त्वचा पर लगायें, इससे भी त्वचा में आये कालेपन को कम किया जा सकता है।
- वैक्सिंग करने पर हाथों में दाने और रैशेज की समस्या होना काफ़ी आम बात है, इसलिए ऐसी स्थिति से बचने के लिए प्रीवैक्सिंग लोशन और पोस्टवैक्सिंग लोशन का उपयोग किया जा सकता है। प्रीवैक्सिंग लोशन अलकोहल बेस्ड होता है, जो बाजुओं व टाँगों में आयी नमी और चिपचिपाहट को हटाने में कारगर है। पोस्टवैक्सिंग लोशन क्रीम बेस्ड होता है, जिसे वैक्सिंग के तुरन्त बाद रोमकूपों को बन्द करने के लिए लगाया जाता है।

ड्राइफ्रूट्स करते हैं कमाल

- ड्राइफ्रूट्स हमारी सेहत के लिए बेहद फ़ायदेमन्द हैं। इन दिनों इनका इस्तेमाल जमकर फेस पैक स्पा में होने लगा है, जिससे स्किन पॉलिशिंग व सक्रबिंग कर त्वचा की खोई चमक को लौटाने में बेहतर नतीजे मिल रहे हैं। ड्राइफ्रूट्स में विटामिन ई, मिनरल्स व ऑयल का सत्त्व मौजूद होता है, जो त्वचा को कोमल व चमकदार बनाता है।

- **अखरोट :** चेहरे की खोई रौनक पाने के लिए अखरोट के छिलकों को महीन पीसकर उसमें मुल्तानी मिट्टी, खसखस और दही मिलाकर फेस पैक बनायें, इसे चेहरे पर कुछ देर लगाकर रखें और बाद में ठण्डे पानी से चेहरे को साफ़ करें। बॉडी मसाज़ ऑयल के तौर पर भी अखरोट बेहद उपयोगी है। इसके लिए इसके तेल को लैवेण्डर व तिल में मिक्स कर बॉडी मसाज़ करें।

◻ **नारियल :** नारियल बाज़ार में आसानी से उपलब्ध है। यह चेहरे की झुर्रियों, मुँहासों व दाग़धब्बों को दूर करने का कारगर उपाय है। धूप के सम्पर्क में आने से त्वचा जल जाती है। ऐसे में सूर्य की हानिकारक किरणों से बचने के लिए नारियल के तेल में ऐलोवेरा जैल मिलाकर त्वचा पर लगायें। नारियल के साथ–साथ उसका पानी भी चेहरे व त्वचा के दाग–धब्बे हटाने में लाभदायक सिद्ध होता है। नारियल पानी में 1 चम्मच चन्दन पाउडर, 1 चम्मच केओलिन पाउडर में चुटकी भर हल्दी को मिलाकर पेस्ट तैयार कर दाग–धब्बों पर लगायें। इससे दाग–धब्बे तो कम ही होंगे ही, साथ ही त्वचा का रंग भी चमक उठेगा। पिगमेण्टेशन व स्किन सम्बन्धी समस्याओं को दूर करने के लिए रोज़ाना नारियल का पानी पीयें।

◻ **काजू :** काजू एक ऐसा ड्राइफ्रूट है, जो ऑयली, खुश्क, मिलीजुली सभी तरह की स्किन के लिए लाभदायक है। अगर आपकी त्वचा ऑयली है, तो पेस्ट बनाने से पहले काजुओं को रात भर दूध में भिगोकर रखें। सुबह उन्हें महीन पीसकर उसमें मुलतानी मिट्टी, नींबू का रस या दही की थोड़ी मात्रा मिलाकर चेहरे पर लगायें, ऑयली स्किन वालों के लिए किशमिश और अंजीर का पेस्ट भी फ़ायदेमन्द रहता है।

◻ अगर आपकी त्वचा रूखी है, तो केले, शहद व दही का मिक्सचर बनाकर 15 मिनट चेहरे पर लगाने से त्वचा में खिंचाव आता है।

◻ चेहरे के दाग–धब्बों को कम करने के लिए 1 चम्मच हल्दी–दूध या पानी, किसी के एक साथ रोज़ाना लें। इससे आपका रंग तो साफ़ होगा ही, साथ ही दाग–धब्बे भी कम हो जायेंगे।

बॉडी में भी लायें निखार

◻ बॉडी को कोमल बनाने के लिए एवोकैडो फ्रूट को कद्दूकस कर लें। फिर इससे कम से कम 20 मिनट तक बॉडी मसाज़ कर शॉवर लें। एवोकैडो नैचुरल मोईश्चराइज़र के रूप में बेहद उपयोगी है।

➪ एक्सफोलिएशन भी बॉडी के लिए बेहद ज़रूरी है। यह एक तरह की स्किन पॉलिशिंग व स्क्रबिंग है, जो बॉडी की डेड स्किन को हटाने में मदद करती है और इससे स्किन कोमल व साफ़–सुथरी नज़र आती है। लेकिन एक्सफोलिएशन बार–बार कराने से बचें।

➪ ब्लू वाटर स्पा का प्रयोग भी इन दिनों बॉडी में चमक व रौनक लाने के लिए होने लगा है। इसके अन्तर्गत ब्लू चार्ज वाटर व ब्लू चार्ज ऑयल का ट्रीटमेण्ट दिया जाता है।

➪ इन सबके अलावा आजकल कोस्मोडेरेमा मैडी स्पा, जोकि एक तरह का मैडिकल ट्रीटमेण्ट है, के ज़रिये भी बॉडी व फेस स्कार्स, एक्ने, डार्क सर्कल्स, डबल चिन, बर्न, कट जैसे निशानों को पूरी तरह से ठीक किया जा सकता है।

➪ ब्लैकहैड्स की समस्या को दूर करने के लिए 1/2 चम्मच चन्दन पाउडर, 1 चम्मच कपूरकाची, थोड़ी–सी मुलतानी मिट्टी, चुटकी भर हल्दी, दही या छाछ में मिलाकर चेहरे पर लगायें।

➪ पलकों की सूजन हटाने के लिए कैस्टर ऑयल से धीरे–धीरे मसाज़ करें।

कॉस्मेटिक सर्जरी बनाये खूबसूरत

सुन्दर दिखने में सबसे अहम भूमिका निभाता है, हमारा चेहरा। चेहरे की सुन्दरता परखते समय कजरारी आँखों के अलावा सबसे अधिक लोगों की निगाहें टिकती हैं, नाक और होंठों पर। यदि ये अंग कुदरती खूबसूरत नहीं हैं, मसलन नाक मोटी, भद्दी या दबी हुई है या फिर होंठ बहुत पतले या मोटे हैं, तो आज के इस वैज्ञानिक युग में पूरी जिन्दगी इन कमियों के साथ रहने की ज़रूरत नहीं।

आज ज़माना कॉस्मेटिक सर्जरी का है और इन्हें चेहरे के अनुरूप स्थायी रूप से ठीक करा कर पर्सनैलिटी में निखार लाया जा सकता है। कॉस्मेटिक सर्जन सुचिन बजाज के मुताबिक कॉस्मेटिक सर्जरी आज सिर्फ़ अमीर लोगों के लिए नहीं है, वरन मध्यवर्ग के लोगों की भी ज़रूरत बन गयी है, क्योंकि ज़्यादातर लोग फ़ैशन और ग्लैमर के क्षेत्र में जाने के लिए और कैरियर बनाने में खूबसूरती को अहम मानने लगे हैं। यानी ज़माना 'ब्यूटी विद ब्रेन' का है।

राइनोप्लास्टी

'नाक' चेहरे की सुन्दरता का आधार है। इसकी कॉस्मेटिक सर्जरी को मेडिकल टर्म में 'राइनोप्लास्टी' या 'नोज

जॉब' कहा जाता है। नाक ज़्यादा लम्बी, छोटी, चौड़ी या टेढ़ी–मेढ़ी हो, तो चेहरे की खूबसूरती कम हो जाती है। इसीलिए चेहरे को आकर्षक बनाने के लिए आजकल नाक की सर्जरी सबसे ज़्यादा करायी जाती है।

सर्जरी से पहले

नाक को किसी भी प्रकार का आकार देने से पहले डाक्टर के लिए यह जानना बेहद ज़रूरी होता है कि क्लाइण्ट को अपनी नाक में क्या खामियाँ दिखायी देती हैं। वह अपनी नाक का आकार किस प्रकार का रखना चाहता है।

सर्जरी से पहले डाक्टर क्लाइण्ट की नाक का गहन अध्ययन करते हैं, क्योंकि चेहरे के सभी कोणों को सही आकार में बैठाना बहुत ज़रूरी होता है। सर्जरी से पहले नाक की हर एंगल से फ़ोटो ली जाती है, ताकि नाक की सर्जरी के बाद, पहले और अब वाली नाक की बनावट की तुलना हो सके।

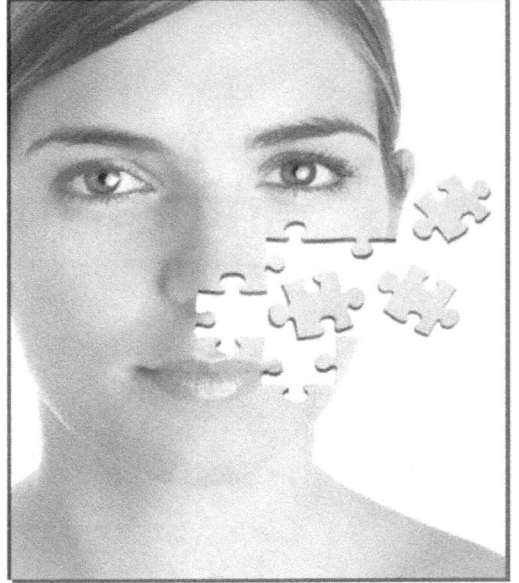

सर्जरी

सर्जरी नाक के अन्दर से होती है, जिसके कारण नाक पर कोई निशान नहीं आता है। नाक ज़्यादा उठी हो, तो सर्जन नाक की हड्डी और कार्टिलेज़ काटकर पास–पास ले आते हैं। यदि नाक चपटी हो, तो उसे सुन्दर बनाने के लिए नाक में हड्डी डालकर उसे सही शेप दी जाती है, जिसे बोन ग्राफ़्ट या कार्टिलेज ग्राफ़्ट कहा जाता है।

नाक के नथुने बहुत बड़े हों, तो उन्हें छोटा करना हो, तो हलका–सा निशान नथुने के फोल्ड में आयेगा, जो दिखायी नहीं देगा। डा. बजाज कहते हैं कि अकसर लड़कियों को अपनी नाक की टिप व ब्रिज से काफ़ी शिकायत रहती है। ज़्यादा गोल टिप है, तो नाक के कार्टिलेज़ को तराश कर पतला कर दिया जाता है। यदि टिप में उठाव नहीं है, तो कार्टिलेज़ की सहायता से उसे नुकीला बना दिया जाता है। नाक का ब्रिज यदि टेढ़ा है या कम उभरा है, तो उसे भी डाक्टर ठीक करते हैं।

नयी तकनीक–एण्डोस्कोपी सर्जरी

आजकल कॉस्मेटिक सर्जन नाक के अन्दर की सर्जरी के लिए इस तकनीक यानी एण्डोस्कोपी का इस्तेमाल करते हैं। इस यन्त्र से नाक के अन्दर की पूरी तस्वीर साफ़ पता चल जाती है तथा सर्जरी करने में भी सुविधा होती है।

सर्जरी से पहले सारे मेडिकल टेस्ट होते हैं, ताकि कोई बीमारी है, तो उसका पता चल जाये, 40–45 की उम्र की महिलाएँ यदि नाक की सर्जरी कराना चाहती है, तो अन्य टेस्टों के अलावा ई.सी.जी. भी कराना पड़ता है। सर्जरी करने से पहले व्यक्ति को एनस्थीसिया के ज़रिये बेहाश कर दिया जाता है ताकि कोई परेशानी न हो। कुछ केसों में नाक पर 2 दिन के लिए पैक लगा दिया जाता है और क्लाइण्ट को मुँह से साँस लेनी पड़ती है। पूरी तरह से सही होने में 3 सप्ताह का समय लग जाता है।

साइड इफेक्ट

इंफेक्शन, नकसीर, बेहोशी की दवा का कुप्रभाव, राइनोप्लास्टी के कुछ साइड इफेक्ट हैं। किसी-किसी की नाक की त्वचा पर छोटे-छोटे लाल धब्बे भी हो जाते हैं।

सावधानी बरतें

कई बार ऑप्रेशन की जगह के आस-पास मामूली-सी सूजन हो जाती है। इसके लिए सर्जन पेन किलर्स आदि देते हैं, जिससे सूजन ठीक हो जाती है। जब तक नाक सही आकार में नहीं आ जाये, तो उसे चोट आदि से बचाकर रखा जाता है। यानी 6 महीने तक ख़ास सावधानी बरतनी पड़ती है।

इस सर्जरी की ख़ासियत यह है कि इसमें लगभग 2 से 3 घण्टे का समय लगता है। अस्पताल में रहने की ज़रूरत नहीं। मरीज़ सर्जरी कराकर घर जा सकता है। इस सर्जरी में ख़र्चा बीस हज़ार से अस्सी हज़ार तक आता है।

यदि आप अपनी नाक को सुन्दर बनाना चाहती हैं, तो राइनोप्लास्टी के लिए तैयार हो जायें, पर सर्जन का चुनाव सोच-समझ कर करें, ताकि आपके लुक्स और बेहतर लगें तथा लोग आपकी नाक को देखते रह जायें।

होंठों की सर्जरी

➪ जब होंठ बहुत पतले होते हैं, तो उन्हें सही आकार देने के लिए फिलर्स का इस्तेमाल किया जाता है। ये फिलर्स दो प्रकार के होते हैं। एक नेचुरल, दूसरे आर्टिफिशियल। नेचुरल फिलर्स के लिए शरीर के किसी हिस्से से त्वचा लेकर होंठ के कोने में स्पेशल नीडल द्वारा इंजेक्ट कर दिया जाता है। ये फिलर्स हमेशा बने रहते हैं, पर आर्टिफिशियल फिलर्स टेम्परेरी होते हैं। हालाँकि आजकल बहुत अच्छी क्वॉलिटी के फिलर्स आ गये हैं, पर ये स्थायी नहीं होते। ये फिलर्स 6 महीने से लेकर दो साल तक चलते हैं।

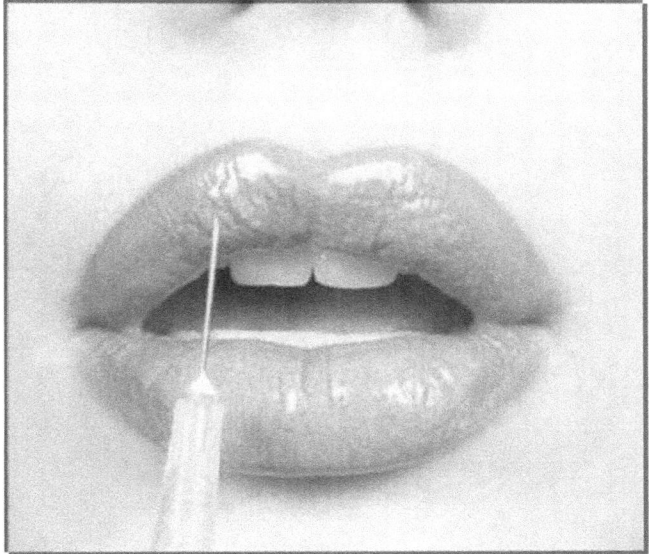

➪ यदि होंठ बहुत बड़े हैं, तो उन्हें छोटा किया जाता है। यह सर्जरी होंठ के अन्दर की तरफ़ से की जाती है। बाहर कोई निशान नहीं आता है।

➪ कुछ लोगों के हँसने पर दाँतों के साथ-साथ मसूढ़े भी दिखायी देते हैं या फिर उनके हँसने व मुस्कराने पर दाँत दिखते ही नहीं। इन दोनों कमियों को भी कॉस्मेटिक सर्जरी द्वारा ठीक किया जा सकता है।

नाक की तरह इसमें भी लड़कियों में 16 साल और लड़कों में 18 साल में होंठ की सर्जरी करायी जा सकती है। इसे कराने के लिए इसके आगे उम्र का कोई बन्धन नहीं है। सर्जरी कराकर घर जा सकते हैं। इस सर्जरी में डेढ़ से दो घण्टे लगते हैं। 4–5 दिन पेन किलर और एण्टीबायोटिक्स दी जाती है।

सावधानी

- 3–4 दिन ध्यान से रहना होता है, क्योंकि इंफेक्शन, सूजन आदि का ख़तरा रहता है। भोजन में लिक्विड डाइट दी जाती है।
- इस सर्जरी में 20 से 30 हज़ार रुपए तक का ख़र्चा आ जाता है। यह सब निर्भर करता है कि एक व्यक्ति अपने होंठों के लिए क्या व कितना काम कराना चाहता है।
- यदि आपके होंठ आपके चेहरे के मुताबिक नहीं हैं, तो मन में हीनभावना न पालें, बल्कि कॉस्मेटिक सर्जरी का विकल्प अपनायें, पर ऐसा ज़्यादा ज़रूरत होने पर ही करें।

खूबसूरत बाल

बालों का निर्माण 'कैटोरीन' नाम प्रोटीन से होता है। इसकी उत्पत्ति का मुख्य स्थान खोपड़ी है। खोपड़ी की सतह के नीचे फोलिकन नामक जैली से बाल उत्पन्न होते हैं। बालों की जड़ों में सक्रिय कोशिकाओं के साथ कुछ तैलीय ग्रन्थियाँ भी होती हैं, जिनके कारण बाल सुन्दर और चमकीले दिखायी देते हैं। इस प्रकार जहाँ बाल उत्पन्न होते हैं, उसके नीचे तीन परतें होती हैं। इनमें किसी प्रकार के विकार पैदा होने से बाल झड़ने लगते हैं। फिर धीरे–धीरे सिर में गंजापन आ जाता है।

वास्तव में, बाल छिद्रयुक्त होते हैं। जब हम बालों में कोई चीज़ लगाते हैं, तो खोपड़ी के नीचे ऊपरी सतह की ओर उसका प्रभाव दिखायी देने लगता है अर्थात् जब हम किसी रसायन से बालों को रंगते हैं, तो खोपड़ी के नीचे की यह सतह प्रभावित होती है। इससे बाल रूखे और बेरौनक हो जाते हैं।

बालों को स्वस्थ रखने के लिए उनकी बाहरी देखभाल करना और शारीरिक रूप से स्वस्थ होना आवश्यक है। क्योंकि स्वास्थ्य के ख़राब होने अथवा मस्तिष्क में हर समय तनाव रहने से बाल उत्पन्न करने वाली फोलिकन ग्रन्थियाँ प्रभावित होती हैं।

विभिन्न समस्याएँ

बालों की देखभाल के तहत आपके समक्ष विभिन्न समस्याएँ उत्पन्न हो सकती हैं। ऐसे में उपचार किया जाना ज़रूरी है। प्रस्तुत हैं, बालों की कुछ ख़ास समस्याएँ और उनके उपाय।

रूखे बाल

बहुत से पुरुषों और महिलाओं के बाल हर समय रूखे दिखायी देते हैं। रूखे बालों को शक्ति और पोषण देने के लिए अनेक बातों की आवश्यकता होती है। बालों का रूखापन समाप्त करने के लिए अनेक प्रकार के शैम्पू बाज़ार में उपलब्ध हैं। अण्डेयुक्त शैम्पू बालों का रूखापन दूर करने में काफ़ी उपयोगी हैं।

उपाय

⇨ जैतून के तेल को थोड़ा गरम करके बालों की जड़ों में लगाना चाहिए। इससे बालों को पोषण मिलता है।

➭ बालों की जड़ों में हलका गरम तेल लगाने से पहले एक साफ़ तौलिये को गरम पानी में भिगोकर निचोड़ लें। इससे सिर के रोमछिद्र खुल जाते हैं। कुछ देर बाद गरम तौलिये को हटाकर बालों की जड़ों में तेल लगा लें।

➭ खोपड़ी में भाप देने से पहले भी तेल लगाने से बालों को पोषण मिलता है। क्योंकि इससे बालों की जड़ों में रक्त–संचार बढ़ता है और उनकी नीचे की तैलीय ग्रन्थियाँ सक्रिय हो जाती हैं। इसलिए बाल धोने से पहले तेल लगाने से बालों का रूखापन दूर करने में सहायता मिलती है।

चिकने बाल

जिस प्रकार रूखे बाल एक समस्या हैं, उसी प्रकार बालों की चिकनाई भी एक प्रकार का रोग है। बालों को रूखा होने से वे झड़ने लगते हैं, जबकि बालों में अधिक चिकनाई होने से वे कमज़ोर हो जाते हैं। इसलिए अधिक चिकने अथवा तैलीय बालों के लिए उपाय का तरीक़ा बिलकुल अलग है।

उपाय

➭ चिकने बालों में ब्रश करना चाहिए तथा बालों के अनुरूप हेयर टॉनिक का भी प्रयोग करना चाहिए। टॉनिक ऐसा हो, जिससे सिर की त्वचा को पोषण एवं शक्ति मिले, किन्तु चिकनाई न बढ़े।

➭ यदि आपके बाल अधिक चिकने हैं, तो इन्हें दूसरे–तीसरे दिन धोना चाहिए। इसके लिए अच्छी क्वालिटी का तरल शैम्पू इस्तेमाल करना चाहिए।

सफ़ेद बाल

बालों का सफ़ेद होना भी एक समस्या है। सफ़ेद बाल वृद्धावस्था की निशानी हैं। परन्तु कई महिलाओं के बाल समय से पहले सफ़ेद होने लगते हैं। वास्तव में, शरीर में एक प्राकृतिक पदार्थ 'मेलानिन' होता है। उसके नष्ट होने अथवा चिन्ता एवं रोग के कारण भी बाल जल्दी सफ़ेद हो जाते हैं। सिर से पूरी तरह से रक्त का भ्रमण न होने से और बालों को हानि पहुँचाने वाले बनावटी तेलों के उपयोग से भी बाल जल्दी सफ़ेद होने लगते हैं।

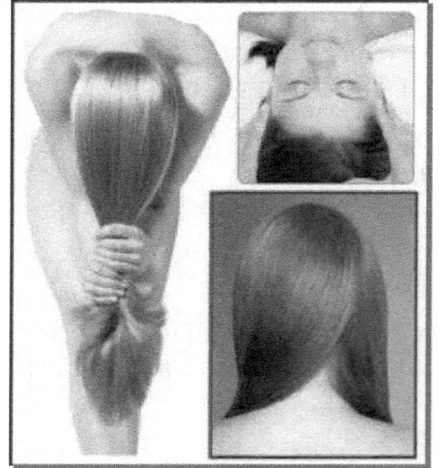

उपाय

➭ बालों को काला करने के लिए रतनजोत, मेहँदी, भाँगरा के पत्ते और आम की गुठली की गीरी–100–100 ग्राम पीसकर लुगदी बना लें। इस लुगदी को दो दिन तक पानी में भिगोये रखें। इसके बाद पानी को निथार कर एक कि.ग्रा. सरसों के तेल में मिलाकर उबाल लें। इस तेल को प्रतिदिन सिर में लगाने से बाल असयम सफ़ेद नहीं होंगे।

➭ स्नान से पहले नींबू के रस को आँवले के रस या तेल में मिलाकर बालों की जड़ों में लगाने से बाल काले होते हैं।

➭ हरे आँवले लेकर उन्हें कद्दूकस कर लें। फिर बारीक साफ़ कपड़े में डालकर उसका रस निचोड़ लें। अब आँवले के रस में उतना ही काले तिलों का तेल अथवा नारियल का तेल मिलाकर धीमी

आँच पर गरम करें। फिर आँवले का रस पूरी तरह सूख जाये, तो तेल को नीचे उतारकर ठण्डा कर लें और मोटे साफ़ कपड़े से छान कर बोतल में रख लें। इस तेल की मालिश बालों में प्रतिदिन करने से बाल काले, घने और मज़बूत होते हैं।

- काली मेहँदी और कॉफ़ी पाउडर को अच्छी तरह से पानी में घोलकर उसका लेप बना लें। इस लेप को सिर में लगायें। फिर सिर पर प्लास्टिक अथवा कागज़ का टुकड़ा लगाकर कपड़ा बाँध लें। इससे बालों में से रस टपकना बन्द हो जायेगा। यह लेप काफ़ी देर तक सिर में लगे रहने से बाल काले हो जायेंगे।
- सूखे आँवले अथवा आँवले का चूर्ण रात्रि के समय पानी में भिगो दें। सुबह इससे सिर धोयें। कुछ ही दिनों में बाल काले हो जायेंगे।
- दही का प्रयोग करने से भी बाल काले होते हैं। आधा कप दही में एक नींबू का रस निचोड़कर भली प्रकार घोल बना लें। धीरे–धीरे इसे बालों और उनकी जड़ों में मलें। आधा घण्टे बाद सिर धोने से बाल फूल की तरह मुलायम प्रतीत होंगे। इससे बाल काले भी हो जाते हैं।
- प्याज़ में बिना कुछ मिलाये उसकी चटनी–सी बना लें और उसे बालों में लेप करें। ऐसा करने से सफ़ेद होते हुए बाल जड़ से काले निकलने लगते हैं।
- भिलावे के पानी में सींची गयी मेथी को सब्ज़ी के रूप में प्रयोग करने से बाल काले बने रहते हैं।
- सफ़ेद होते हुए बालों को रोकने के लिए तिलों का भी प्रयोग किया जाता है।
- यदि बाल सफ़ेद होने के साथ–साथ झड़ने भी लगते हों, तो नियमपूर्वक रोज़ थोड़े–से तिल खायें। बाल लम्बे, मुलायम और काले होने लगेंगे।

अनावश्यक बाल

महिलाओं को चेहरे पर अनावश्यक बाल होने से उनकी खूबसूरती नष्ट हो जाती है। अतः इनसे छुटकारा पाना ज़रूरी है। लेकिन इसके लिए बाज़ार में उपलब्ध क्रीम अथवा लोशन के बजाय घरेलू वस्तुओं का प्रयोग करना हितकारी सिद्ध होता है।

उपाय

- बेसन में हल्दी मिलाकर उबटन की तरह बाल वाले स्थान पर लगायें। जब उबटन सूखकर कड़ा होने लगे, तो उसे धीरे–धीरे रगड़कर उतारने का प्रयत्न करें। सप्ताह में एक–दो बार ऐसा करने से चेहरे के अनावश्यक बाल समाप्त हो जाते हैं।
- हल्दी के उबटन में चन्दन का बुरादा और नीम की हरी पत्तियाँ पीसकर लेप करने से भी चेहरे तथा शरीर के अनावश्यक बाल नष्ट होते हैं। इससे चेहरे का कालापन भी दूर होता है।
- चुटकी भर हल्दी में बेसन तथा तेल मिलाकर उबटन बना लें। उसमें आवश्यकतानुसार पानी डालकर स्नान से पूर्व चेहरे पर लगायें। जब उबटन सूखने लगे, तो इसे धीरे–धीरे मसलकर उतार दें। इस प्रकार करते रहने से चेहरे के अनावश्यक बाल समाप्त हो जाते हैं। चेहरा धोने के बाद साफ तौलिये से त्वचा को धीरे–धीरे दबाकर सुखा लें।

पैरों की देखभाल

''आपके पाँव बेहद हसीन हैं। इन्हें ज़मीन पर मत रखियेगा, वरना मैले हो जायेंगे।''

बेशक यह एक फ़िल्मी डायलॉग है, जिसे फ़िल्म 'पाक़ीजा' में राजकुमार ने बोला था, पर इस डायलॉग से यह ज़रूर साबित होता है कि पाँवों की सुन्दरता की विशेष अहमियत है।

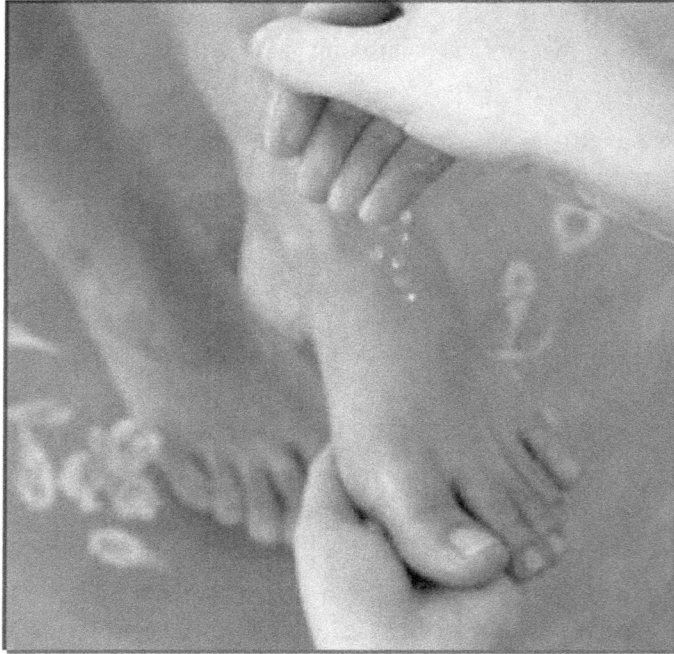

आप चेहरे से बहुत सुन्दर हैं, लेकिन आप के पैरों की हालत ख़राब है, इसका आपके व्यक्तित्व पर बहुत असर पड़ता है। इससे पता चलता है कि आप अपनी ग्रूमिंग (सजने–सँवरने) पर कितना ध्यान देती हैं। ब्यूटी एक्सपर्ट (सौन्दर्य–विशेषज्ञ) रजनी गुप्ता कहती हैं कि आपके पैर आपकी पर्सनैलिटी के बारे में बहुत कुछ बयाँ कर देते हैं।

अगर आप अपने पैरों की खूबसूरती बढ़ाना चाहती हैं, तो उनकी केयर करें। यह सही है कि पेडिक्योर (पैरों की सफाई) करवा कर आप अपने पैरों की देखभाल करती हैं, लेकिन हर समय पेडिक्योर करवाना भी सम्भव नहीं होता। ऐसी स्थिति में आप घर पर अपने पैरों की देखभाल करें, तो भी वे बहुत सुन्दर दिखेंगे।

पैरों की देखभाल के लिए किन–किन ख़ास बातों का ध्यान रखना चाहिए, आइए जानते हैं–

- अपने पैरों की नियमित सफ़ाई करें।
- पैरों की एक्सरसाइज़ करें। टहलना पैरों के लिए अच्छी एक्सरसाइज़ है।
- जब आप दिन भर की थकान के बाद घर आती हैं, तो अपने पैरों को क्रमशः गरम और ठण्डे पानी में डुबोएँ, इस पानी में थोड़ा नमक डाल लें।
- यदि आपके पैरों में खुजली हो रही है, तो उस स्थान पर थोड़ा नींबू और सिरका लगायें।
- जूते या सैण्डिल ख़रीदते समय सावधानी बरतें। इनका आरामदेह होना सबसे महत्त्वपूर्ण है। ऐसे फुटवियर लें, जो नाप में सही हों और जो पैरों पर दबाव न डालें।
- सुबह के समय ख़ाली पैर घास पर घूमना चाहिए।
- पैरों और एड़ियों पर नियमित रूप से माश्चराइज़र का प्रयोग करें। इससे त्वचा नहीं फटती।

फटी एड़ियों की समस्या

जाड़े के दिनों में एड़ियों का फटना एक आम समस्या है। त्वचा रूखी होने से एड़ियाँ फटने लगती हैं। एड़ियों के किनारे की स्किन (त्वचा) कड़ी हो जाती है। उसका रंग गहरा अथवा पीला हो जाता है। दरारें गहरी हों, तो चलते वक्त तेज़ दर्द भी होता है। खून भी बह सकता है। कई दफ़ा इसमें खुजली भी होने लगती है।

कारण

- ड्राई स्किन (खुश्क त्वचा)
- निष्क्रिय स्वेद ग्रन्थियाँ
- बहुत देर तक खड़े रहना
- मोटापा
- ओपन बैक वाले फुटवियर पहनना
- फ्लैट फीट
- थायराइड की बीमारी
- डाइबिटीज़

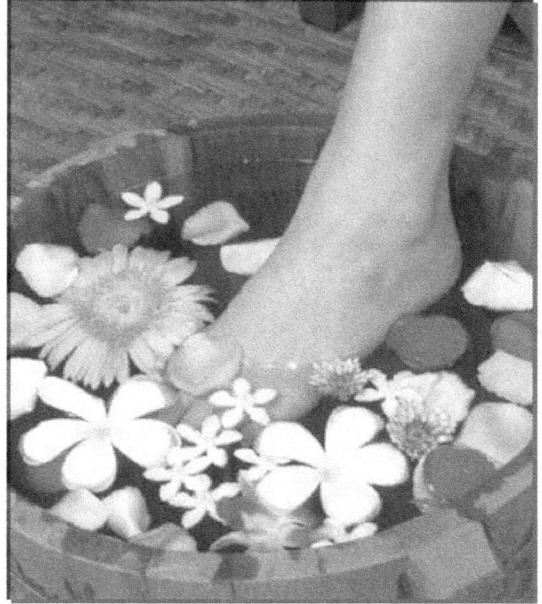

उपचार

- अपने पैरों को हलके गरम पानी में डुबोएँ और फिर प्यूमिस स्टोन या फुट स्क्रब की सहायता से डेड स्किन हटायें। इससे एड़ियाँ मुलायम बनेंगी। अब पैरों को धोकर हल्दी, शहद, मेथी , अदरक जैसे कुदरती तत्त्वों से युक्त फुटकेयर क्रीम या स्पेशल क्रैक्ड हील क्रीम लगायें। कोई अच्छा माश्चराइज़र या वैसलीन भी लगा सकती है। क्रीम लगाने के बाद मोजे पहन लें।
- नारियल का तेल गरम करें। इसमें कुछ वैक्स मिलायें और ठण्डा होने दें। अब इसे एड़ियों पर लगायें।

- 30 ग्राम पैराफिन वैक्स में 100 ग्राम मस्टर्ड आयल व चुटकी भर हल्दी मिलायें। इस मिश्रण को आग पर गरम कर अच्छी तरह से मिला दें। ठण्डा होने पर रात में एड़ियों में लगायें और सुबह धो दें। 10–15 दिनों में असर दिखने लगेगा।

गन्दे नाखूनों की सफ़ाई

वैसे तो नाखूनों की सफ़ाई हर मौसम में करनी चाहिए। लेकिन बारिश के दिनों में बारिश के कीचड़ से फुटवियर्स गन्दे हो जाते हैं और मैल नाखूनों में घुस जाता है। नाखूनों को साफ और ट्रिम करें तथा किनारों को नेल फाइलर से घिसकर उन्हें 'यू' शेप दें।

ट्रेण्डी लुक

पैरों को साफ़ रखने के साथ ही इनकी खूबसूरती बढ़ाने के लिए नेल्स (नाखूनों) पर ड्रैस (परिधान) से मैच करता (मिलता) हुआ नेलपॉलिश लगायें। फैशन के मुताबिक आप पायल व बिछिया पहन सकती हैं। वैसे फैशनेबल लुक के लिए आप टो रिंग व एंकलेट्स भी ट्राई (उपयोग) कर सकती हैं। इन सबके बाद एक अच्छी फिटिंग के ट्रेण्डी फुटवियर पहनेंगी, तो इनकी खूबसूरती दिखने से कोई नहीं रोक सकता।

मेकअप का सलीका

मेकअप चेहरे की सुन्दरता बढ़ाने के लिए किया जाता है, लेकिन अगर यह सलीके से न किया जाये, तो यह चेहरे की सुन्दरता को बढ़ाने के बजाय कम कर देता है। मेकअप ऐसा होना चाहिए कि वह आपकी सुन्दरता में चार चाँद लगाये न कि ऐसा लगे कि आपने इसे जबरन थोपा हुआ है। वास्तव में मेकअप एक कला है। आइए जानते हैं, इस कला की कुछ अहम बातें–

फाउण्डेशन

ग़लत शेड का फाउण्डेशन चुनने से त्वचा का अलग रंग दिखायी देता है। फाउण्डेशन का रंग त्वचा से मेल खाता हुआ चुनें। कौन–सा फाउण्डेशन आपके लिए ठीक है, यह जानने के लिए कुछ शेड्स की लकीरें अपने जॉ लाइन पर बनायें, फिर बाहर जाकर प्राकृतिक रोशनी में शीशे में देख कर जाँचें। फिर भी शेड चुनने में किसी तरह की दुविधा महसूस हो रही हो, तो मेकअप प्रोडक्ट काउण्टर पर शेड चुनने में मदद के लिए पूछने से नहीं हिचकें। हाथ में लगाकर भी फाउण्डेशन का रंग न जाँचें।

फाउण्डेशन को त्वचा पर हमेशा बिन्दु के रूप में लगाने के बाद गीले स्पंज की सहायता से फैलायें, इससे त्वचा पर शेड एकसार लगता है। जब भी फाउण्डेशन लगायें, गरदन, कान, वक्ष के ऊपरी भाग और पीठ पर लगाना न भूलें।

कंसीलर

कंसीलर का प्रयोग मेकअप में आँखों के नीचे गहरे धब्बों को छिपाने के लिए किया जाता है, लेकिन ज़्यादातर महिलाएँ इसे चेहरे के दाग़–धब्बों पर भी प्रयोग करती हैं। चूँकि यह स्किन टोन से 1 या 2 टोन हलका होता है, इसलिए कई बार इसे बाक़ी चेहरे पर भी लगा लिया जाता है। चेहरे के दाग़ हटाने के लिए यदि कंसीलर न हो, तो त्वचा से बिलकुल मेल खाती फाउण्डेशन स्टिक भी प्रयोग की जा सकती है।

आँखों का मेकअप

आँखों के मेकअप के उत्पादों को प्रयोग करने का सही ढंग इस प्रकार हैं :

आई शैडो

मेकअप के अच्छे प्रभाव के लिए कभी भी आईशैडो लगाने के लिए अँगलियों का इस्तेमाल न करें। इसके लिए विशेष ब्रश व उपकरणों से अच्छे प्रभाव दिखायी देते हैं। छोटी आँखों को बड़ा दिखाने के लिए हलके शेड का आई शैडो लगायें। ब्लू रंग के आई शैडो गरमी में कूल दिखायी देते हैं। गोरी महिलाएँ हलके पाउडर का ब्लू आईशैडो लगायें, गेहुएँ रंग की महिलाएँ डीप ब्लू और साँवली कोबाल्ट व इण्डिगो ब्लू रंग के आई शैडो का इस्तेमाल करें। किसी भी गहरे रंग की लिपस्टिक के साथ गहरे रंग का आई शैडो का प्रयोग न करें। इससे चेहरे की मासूमियत कम हो जाती है।

आई लाइनर

वाटरप्रूफ़ आई लाइनर इस्तेमाल करें। उससे पहले वैक्स युक्त प्राइमर लगायें। प्राइमर लगाने से यह फैलेगा नहीं। ऊपरी बरौनियाँ नीचे की बरौनियों से हमेशा गहरी होनी चाहिए। आँखें बड़ी दिखाने के लिए पलक के ऊपरी और निचले हिस्से पर बरौनियों से सटाते हुए आई लाइनर से लाइन खींचें। इन दोनों लाइनों को बाहर निकालते हुए मिला दें।

मस्कारा

मस्कारा लगाने से पहले ब्रश में लगे अतिरिक्त मस्कारे को निकाल दें। इसे बरौनियों में लगाने के बाद इसका प्रभाव अच्छा दिखायी देता है। मस्कारा सूख जाये, तो उसे पानी से गीला करके इस्तेमाल न करें। दिन भर मस्कारा टिका रहे, इसके लिए बरौनियों के टिप्स पर मस्कारा लगायें। ऐसा करने से मस्कारा नहीं फैलता, आँखों के अन्दरूनी कोने की छोटी बरौनियों पर भी मस्कारा ज़रूर लगायें। इससे आँखें उभरी और खूबसूरत नज़र आती हैं।

लिपस्टिक

एकदम नेचुरक लुक के लिए लिपस्टिक लगाने के बाद होंठों की लाइन बनायें और यदि ज़रूरत हो, तो लिप ब्रश की सहायता से इसे एकसार कर देना चाहिए। यदि लिपस्टिक को लम्बे समय तक होंठों पर टिकाये रखना है, तो पहले होंठों को लिप पेंसिल से पूरा भर लें और फिर लिपस्टिक लगायें। पतले होंठों को चौड़ा दिखाने के लिए मध्यम से हलके रंग प्रयोग करें या फिर लिपग्लॉस भी बहुत हद तक इस समस्या को कम कर सकता है। गहरे रंग पतले होंठों को और पतला दिखाते हैं, लिपस्टिक का रंग जितना हलका रखेंगी, वह आपकी स्किन टोन से उतनी ही मैच करेगी।

ब्लशर

ब्लशर लगाने के लिए सही ब्रश का इस्तेमाल करें। ब्लशर में लगे अतिरिक्त ब्लशर को झाड़ का इस्तेमाल करें। क्रीमी ब्लशर के मुकाबले पाउडर वाला ब्लशर ज़्यादा दिखायी देता है। ब्लशर चेहरे को अतिरिक्त उभार या चमक देता है, चाहे तो मुस्करायें और फिर गालों की हड्डी पर ब्रश घुमायें। हेयर लाइन से होते हुए पीछे की ओर लाइन घुमायें। इसके बाद नीचे ले जाते हुए ब्लशर ब्लेण्ड कर दें।

कुछ सुझाव

- लिपस्टिक लगाने के बाद होंठों के बीच में क्लियर लिपग्लौस से हलका टच दे दें। होंठों की खूबसूरती देखते ही बनेगी।
- अगर आप लिपस्टिक नहीं लगाना चाहती हैं, तो सिर्फ़ लिपग्लौस लगायें। आप ग्लेमरस लगेंगी।
- लम्बे समय तक लिपस्टिक टिकी रहे, इसके लिए आप लिपस्टिक का एक कोट लगाकर, उस पर काम्पैक्ट लगाकर थपथपा लें, इसके बाद लिपस्टिक लगा लें।
- अगर आपकी आँखों से दिन भर की थकान नज़र आ रही हो, तो फ्रैश दिखने के लिए आईलाइनर लगायें और हलका–सा लाइट शेड आई शैडो लगा लें।
- ज़्यादा देर तक मेकअप टिका रहे, इसके लिए चेहरे पर बरफ़ मलें, फिर ऑयल फ्री मोइश्चराइज़र लगायें, इसके बाद मेकअप करें।
- अति व्यस्तता के कारण यदि आप आपने बाल नहीं धो पा रही हों, तो आगे के माथे के ऊपर के थोड़े से बालों को गीला करके, ब्लोड्राई कर लें और छोटे–छोटे बालों की लटों को गालो पर छोड़कर, बा़की बालों की पोनी टेल बना लें या छोटा–सा जूड़ा बनाकर हेयर डू लगा लें।
- अचानक किसी पार्टी में जाना पड़ जाये, तो अपने बालों को पीछे की ओर बाँधकर पिनअप कर लें और फिर हेयर ऐक्सेसरीज़ से बालों को सजा लें।
- यदि आपके बाल बहुत उलझे हैं, तो हेयर सीरम लगाकर बाल बनायें, बाल सँवर जायेंगे।
- अगर आपके पास थोड़ा–सा वक़्त है, तो बालों को शैम्पू से धोकर 2 मिनट तक कण्डीशनर लगाये रखें, फिर धोकर तौलिये से सुखायें और अपनी अँगुलियों से लटों को सुलझाती और पंखे की हवा में सुखाती जायें। बाल सूखने के बाद बहुत सुन्दर दिखेंगे। किसी विशेष हेयर स्टाइल की आपको ज़रूरत नहीं पड़ेगी।
- चेहरा बुझा हुआ लग रहा हो, तो एक मुलायम कपड़े को भाप के ऊपर हलका–सा गरम करके, चेहरे की त्वचा पर जगह–जगह रखते हुए घुमायें। इससे रक्त–संचार बढ़ेगा और फिर ठण्डे पानी के छींटे मारें। त्वचा एकदम फ्रैश और जवाँ लगेगी।

- फाउण्डेशन लगाने के लिए 2 शेड्स का प्रयोग करें। हलका शेड आँखों व नाक के नीचे लगायें तथा डार्कशेड चिन व चीक्स पर लगायें।

- पूरे चेहरे पर फाउण्डेशन लगाने के बजाय आप थोड़े डार्क हिस्सों पर ही इसे लगायें, तो भी खूबसूरती बनी रहेगी। जैसे कि नाक व होठों के आसपास के हिस्सों पर फिर काम्पैक्ट लगा लें।

- अगर जल्दी में एग्जीक्यूटिव मीटिंग में जाना हो, तो गॉर्जियस दिखने के लिए मेकअप में पिंक, पीच, जैसे सॉफ़्ट शेड्स का प्रयोग करें।

- बोल्ड और ब्यूटीफुल दिखने के लिए अपने मेकअप में डलगोल्ड, मजेण्टा, डीप मैरून तथा कौपर जैसे स्टाइलिश शेड्स का इस्तेमाल करें।

- मॉडर्न लुक लाने के लिए आप कम समय में आपने होंठों पर शिमरी लिपस्टिक लगायें। इससे आपके होंठ आकर्षक लगेंगे।

- छोटी आँखों को आकर्षक बनाने के लिए ग्रे, ब्राउन, बेज आदि शेड के आई शैडो लगायें और आईलिड के किनारे पर डार्कशेड लगाकर भीतर की तरफ उसे हलके से मलते हुए स्मज कर हलका कर दें। इस तरह आपकी आँखें आकर्षक व बड़ी दिखेंगी।

- स्मोकी लुक पाने के लिए काजल पेंसिल का इस्तेमाल करें। नये लुक के लिए नीले और हरे रंग की आई पेंसिल को मिलाकर यानी दोनों का इस्तेमाल करें।

- यदि आपके होंठ बड़े हैं, तो ग्लॉसी लिपस्टिक न लगायें। इसके लगाने से ये और बड़े दिखेंगे।

- साँवली रंगत पर गहरे शेड का लिप कलर इस्तेमाल न करें।

यदि आप मेकअप करते समय इन बातों का ध्यान रखेंगी, तो महफिल में केवल आप ही नज़र आयेंगी।

मेकअप ऐसे हटायें

जब आपको किसी पार्टी में जाना होता है, तो मेकअप करने में आपको बहुत समय लगता है, लेकिन जब वापस आकर मेकअप हटाने की बारी आती है, तो आप झट से मुँह धोकर चेहरा साफ़ कर लेती हैं, जो बिलकुल ग़लत तरीक़ा है।

अगर आप सही तरीक़े से मेकअप हटाती हैं, तो उसकी सारी लेयर हटने से रोमछिद्र खुल जायेंगे और आपकी स्किन ग्लो करने लगेगी।

मेकअप हटाने के लिए सामान

- आई मेकअप रिमूवर या बेबी ऑयल।
- क्लींज़र।
- मॉइश्चराइज़र।
- पैट्रोलियम जैली।
- फेसवाश

मेकअप हटाने का सही तरीक़ा

आँखों का मेकअप : आँखों का मेकअप करते समय हम मसकारा, आई शैडो और आई लाइनर इस्तेमाल करते हैं। इन्हें साफ़ करने के लिए आँखों के आस—पास की जगह पर रूई से आई मेकअप रिमूवर लगायें। इस बात का ध्यान रखें कि मसकारा अच्छी तरह से साफ़ हो जाये। कई बार रेग्लूयर मेकअप रिमूवर आँखों को सूट नहीं करता, जिससे सूजन आ जाती है। इससे बचने के लिए बेबी ऑयल की कुछ बूँदे रूई पर डालकर मेकअप साफ़ करें।

लिपस्टिक : कई कम्पनियों की लिपस्टिक होंठों पर लम्बे समय तक टिकी रहती हैं। ऐसे में लिपस्टिक हटाने के लिए पैट्रोलियम जैली इस्तेमाल करें। लिपस्टिक हटाने के बाद अगर होंठ ड्राई हो जाते हैं, तो लिप बाम ज़रूर लगायें। इससे होंठ मुलायम हो जायेंगे।

चेहरे का मेकअप : आँखों और होंठों को साफ़ करने के बाद चेहरे का मेकअप हटाने के लिए हलके हाथों से चेहरे को धो लें। इससे आपका सारा मेकअप हट जायेगा और रोमछिद्र खुल जायेंगे।

मॉइश्चराइज़र या बॉडी लोशन : चेहरा धोने के बाद मॉइश्चराइज़र ही लगायें, बॉडी लोशन बिलकुल न लगायें। मेकअप उतारने में जल्दबाज़ी न करें। सारा मेकअप उतारने के बाद आँखों पर ठण्डे पानी के छींटे मारें। इससे आप बहुत रिलीफ़ महसूस करेंगी। मॉइश्चराइज़र लगाने से स्किन ड्राई न रहकर ग्लो करने लगेगी।

बोटोक्स...त्वचा की झुर्रियाँ हटायें

विशेषज्ञों के अनुसार आँखों के आस–पास की बारीक़ लकीरें यानी क्रोज फीट और माथे पर पड़े बल एक अच्छे–ख़ासे चेहरे की खूबसूरती लील लेते हैं। त्वचा की खूबसूरती बरक़रार रखने के लिए इन दिनों बोटोक्स का प्रचलन महिलाओं के साथ–साथ पुरुषों में भी बढ़ा है।

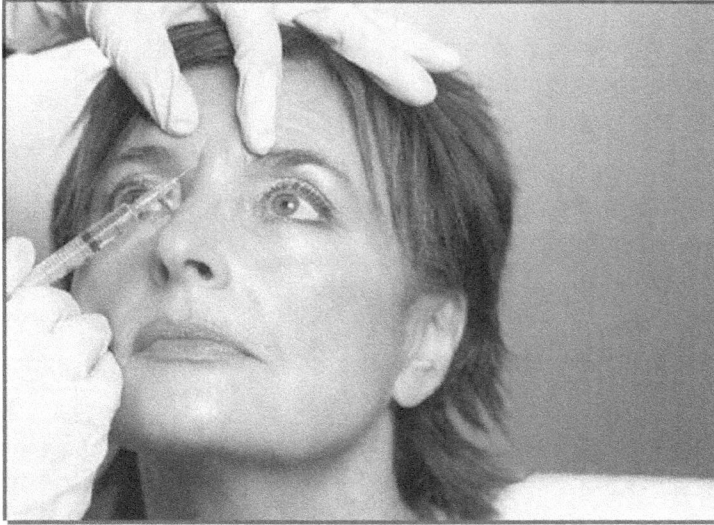

क्या है बोटोक्स?

देखा जाये, तो त्वचा की खूबसूरती बरक़रार रखने में सहायक बोटोक्स एक विषैला पदार्थ है, इसलिए इसका इंजेक्शन देते समय कास्मेटिक सर्जन अत्यन्त सावधानी बरतते हैं। बोटोक्स यानी 'बोटयुलिनम टॉक्सिन न्यूरोटौक्सिंस' नामक रसायन की श्रेणी में आता है, क्योंकि बोटोक्स 'क्लोसटरिडियम बोट युलिनम बैक्टीरिया' से प्राप्त नेचुरल प्रोटीन एक्सट्रेक्ट है।

विदेशों सहित भारत के कई स्किन और कई बड़े ब्यूटी क्लीनिकों जैसे 'वीएलसीसी', 'काया स्किन क्लीनिक', 'दिल्ली एस्थेटिक क्लीनिक', 'ब्लश (मुम्बई),' 'युवा' आदि में बोटोक्स के द्वारा उपचार की सुविधा उपलब्ध है। यह ट्रीटमेण्ट 30 साल से लेकर 65 साल से ऊपर के पुरुष या महिलाओं पर किया जा सकता है।

बोटोक्स ट्रीटमेण्ट में जब त्वचा की माँसपेशियों को रिलेक्स करने के लिए इंजेक्शन दिया जाता है, तो कुछ समय के लिए वे माँसपेशियाँ गतिहीन हो जाती हैं। इस पूरी प्रक्रिया में 10 मिनट का समय लगता है। चूँकि यह

नान सर्जिकल उपचार है, इसलिए इसमें इंजेक्शन लगवाने से पहले कोई विशेष तैयारी भी नहीं करनी पड़ती।

आमतौर पर 1 से 3 इंजेक्शन हर माँसपेशी में लगाये जाते हैं। इंजेक्शन से होने वाले मामूली दर्द को कम करने के लिए डाक्टर लोकल एनस्थीसिया देते हैं या फिर कोल्ड पैक लगाकर दर्द को कम करने का प्रयास करते हैं।

इंजेक्शनों की सुइयों के निशान भी आमतौर पर 24 घण्टों में हट जाते हैं। इसका असर पूरी तरह हफ़्ते बाद दिखायी देता है। यह उपचार हर 4 से 6 महीने के अन्तर में लेना पड़ता है।

रखें ध्यान कुछ बातों का

- यह ध्यान रखना बहुत ज़रूरी है कि बोटोक्स उपचार किसी प्रशिक्षित डाक्टर से ही कराया जाना चाहिए।
- इंजेक्शन देने के समय सही तकनीक, सही डोज़ तथा हाइजीन का ख़ास ध्यान रखना ज़रूरी है।
- बोटोक्स की शीशी एक बार खोलने के बाद 4 घण्टे के अन्दर ही इस्तेमाल में लायी जानी ज़रूरी है।
- बोटोक्स की 1 शीशी को एक से अधिक मरीज़ों के उपचार के लिए प्रयोग में लाना ठीक नहीं, यह क़ानूनन अपराध है।
- अगर पुरुष या महिलाएँ माँसपेशियाँ शिथिल करने की दवा ले रहे हों, महिलाएँ गर्भवती हों या स्तनपान करा रही हों या उनके मासिक–चक्र में गड़बड़ी हो, तो उन्हें बोटोक्स का उपचार नहीं कराना चाहिए।
- जिस स्थान पर बोटोक्स लेना है, वहाँ जलन या किसी प्रकार का संक्रमण होने पर बोटोक्स का ट्रीटमेण्ट न लें।
- उचित बोटोक्स ट्रीटमेण्ट और डाक्टर की जानकारी के लिए आप वेबसाइट www.botox.co.in का उपयोग कर सकते हैं।

कई लोग इस ट्रीटमेण्ट को सस्ते में कराने का प्रचार कर बोटोक्स पार्टियाँ आयोजित करते हैं, जो पूरी तरह से असुरक्षित होती हैं। हक़ीक़त यह है कि बोटोक्स की प्रति यूनिट की लागत 300 रुपए से 400 रुपए तक पड़ती है। अब यह तो कॉस्मेटिक सर्जन ही बता सकते हैं कि किसी व्यक्ति को कितने यूनिट बोटोक्स की ज़रूरत है

दूसरा पहलू

- बोटोक्स का सबसे कमज़ोर पहलू यही है कि यदि इस ट्रीटमेण्ट (जो हर 4 महीनों में लेना पड़ता है) अगर रोक दिया जाये, तो त्वचा पर झुर्रियाँ फिर से उभर आती हैं।
- बोटोक्स इंजेक्शन के बाद कभी–कभी सिरदर्द, फ़्लू, जी मिचलाना और साँस की नली में संक्रमण की शिकायत सामने आयी है, जो बोटोक्स की अधिक डोज़ दिये जाने के कारण उभरती है

- इंजेक्शन दिये जाने वाली जगह का लाल होना, चेहरे पर दर्द का अनुभव और उस स्थान की माँसपेशियों का कमज़ोर होना भी कभी–कभी देखने में आता है। विशेषज्ञ कहते हैं कि ये सभी अस्थायी लक्षण हैं।

भ्रान्तियाँ

- कई लोग बोटोक्स को फेस लिफ्टिंग के बदले लिया जाने वाला उपचार समझने की भूल भी कर बैठते हैं।

- वैसे लोगों में यह भ्रान्ति भी है कि बोटोक्स हानिकारक है, क्योंकि यह विषैले रसायन की श्रेणी में आता है, पर सच्चाई यही है कि इसका उपचार पूरी तरह से सुरक्षित है, बशर्ते इसे प्रशिक्षित हाथों से कराया जाये।

जब चुनें परफ्यूम

परफ्यूम का चयन करना मुश्किल काम है। सबसे पहले सवाल है कि क्या इसकी महक बन्द बॉटल से बाहर आकर बदलेगी तो नहीं? ऐसा इसलिए, क्योंकि हर व्यक्ति की बॉडी केमिस्ट्री अलग—अलग होती है। इसलिए एक खुशबू अलग—अलग व्यक्तियों पर अलग—अलग प्रभाव पैदा करती है। त्वचा की यह ख़ास गन्ध अलग—अलग समय पर अलग होती है। जो परफ्यूम कभी सामान्य दिखता है, वही किसी अन्य समय में शानदार प्रभाव छोड़ सकता है। देखें क्या—क्या कारण त्वचा की गन्ध पर प्रभाव डालते हैं।

दबाव या तनाव : जब व्यक्ति अधिक दबाव या बेचैनी महसूस करता है, उसके दिल की धड़कन पर इसका असर पड़ता है। हथेलियों, माथे या शरीर के अन्य हिस्सों में पसीना आने लगता है। ये तमाम बातें बॉडी केमिस्ट्री पर भी अपना प्रभाव डालती हैं। इसलिए शरीर की गन्ध भी बदल जाती है।

खानपान : हम जैसा खाते हैं, उसका सीधा असर त्वचा की गन्ध पर पड़ता है। अगर कोई अधिक मसाले, लहसुन, प्याज़ का सेवन करता है, तो उसके पसीने से इसकी गन्ध आने लगती है। इसका कारण यह है कि त्वचा की गन्ध में इनकी गन्ध मिल जाती है।

उम्र : बॉडी केमिस्ट्री पर उम्र का असर भी पड़ता है। हर पुरुष व स्त्री को अलग—अलग समय पर हार्मोनल बदलावों का सामना करना पड़ता है। बचपन से टीनएजर (किशोरवस्था) तक का सफ़र इसका पहला पड़ाव होता है। प्यूबर्टी का समय भी त्वचा की गन्ध को काफ़ी बदलता है।

गर्भावस्था : इस समय भी कई तरह के हार्मोनल बदलाव होते हैं। ऐसे में बॉडी केमिस्ट्री भी बदलती है। हो सकता है कि जो गन्ध पहले त्वचा को रास आती हो, गर्भावस्था के समय वह पसन्द न आये।

मेनोपॉज : मेनोपॉज (रजोनिवृत्ति) बॉडी केमिस्ट्री पर बहुत प्रभाव डालता है। त्वचा रूखी—पतली हो जाती है। टेस्टोस्ट्रॉन व एस्ट्रोजन स्तर में बदलाव होते हैं और रात में पसीना आता है। कुछ दवाइयाँ व स्वास्थ्य समस्याएँ भी त्वचा की गन्ध को परिवर्तित करती हैं। डायबिटीज़ के रोगी के लिए परफ्यूम चुनना मुश्किल है। इसका कारण यह है कि उनके ब्लड शुगर का स्तर घटता—बढ़ता रहता है। शुगर स्तर के साथ ही परफ्यूम की गन्ध भी बदलती है।

कैसे चुनें सही परफ्यूम?

आपको कौन—सा परफ्यूम रास आयेगा, इसके लिए पल्स पॉइण्ट्स पर स्प्रे करें। एक बार में दो—तीन से अधिक परफ्यूम टेस्ट न करें। एक परफ्यूम को अलग—अलग समय पर और अलग—अलग दिन स्प्रे करें और फिर इसका प्रभाव देखें। आपको खुद पता चल जायेगा कि कौन—सा परफ्यूम आपकी त्वचा की गन्ध से मेल खायेगा।

जरूरी है, सही लॉंजरी (अन्त:वस्त्र) का चुनाव

क़ीमती से क़ीमती परिधान ग़लत लाँजरी (अन्तःवस्त्र) चुनने से ख़राब लगते हैं। साथ ही ये आपके स्वास्थ्य पर भी गहरा प्रभाव डालते हैं।

वैसे भी आजकल बहुत तरह की वेरायटियाँ (किस्में) मिल जायेंगी, जैसी आप चाहती हैं, लेकिन इसके लिए सही जानकारी होना भी बेहद आवश्यक है। यहाँ हम कुछ लाँजरियों के बारे में बता रहे हैं।

टी–शर्ट ब्रा

आज ज़्यादातर महिलाएँ कामकाज़ी हैं। उन्हें ध्यान देना चाहिए कि यदि वे फ्राक स्टाइल ड्रैसें पहन रही हैं, तो टी–शर्ट ब्रा या स्ट्रैपलैस ब्रा पहनें। यह सीमलैस और अण्डरवायर होती है, इस कारण इसे पहनने में उन्हें आराम महसूस होता है।

हाफकप ब्रा

जिन ड्रैसेज (परिधानों) के गले बड़े और कन्धे किनारों तक कटे होते हैं, उनके साथ बाल्कोनैट एकदम सही रहती है। यह हाफकप ब्रा होती है और इसके स्ट्रैप्स एकदम साइड में होते हैं। साथ ही इसमें अण्डरवायर होता है, जो ब्रैस्ट को ठीक सपोर्ट के साथ ऊपर की ओर पुश करता है।

मिनीमाइज़र ब्रा

बहुत–सी महिलाओं के वक्ष काफ़ी फैले हुए नज़र आते हैं। उनके लिए मिनीमाइज़र ब्रा ठीक रहती है, जिससे उनके वक्ष फैले नज़र नहीं आते।

स्ट्रैपलैस ब्रा

यदि ब्रेस्ट साइज़ (वक्ष का आकार) सामान्य हो, तो शोल्डरलैस ड्रैस के साथ स्ट्रैपलैस ब्रा पहनना ठीक रहेगा, लेकिन ब्रेस्ट साइज़ सामान्य से कम होने पर स्ट्रैपलेस ब्रा के साथ ही सिलिकान पैड्स का इस्तेमाल करना चाहिए। ऐसा करने से आप आकर्षक दिखेंगी। इसके साथ आप स्ट्रैपलैस अण्डरवायर ब्रा भी पहन सकती हैं, जिससे ब्रेस्ट को सही सपोर्ट भी मिलेगा।

स्पोर्ट्स ब्रा

स्पोर्ट्स ब्रा पहनने पर बॉडी को काफ़ी सपोर्ट मिलता है। इसके स्ट्रैप्स पर सामने की तरफ़ एडजस्टर्स लगे होते हैं, जिन्हें अपने ब्रेस्ट साइज़ और कप साइज़ के मुताबिक एडजस्ट भी किया जा सकता है, ताकि वर्कआउट या कोई भी ऐक्टिविटी करते समय किसी प्रकार का दबाव, परेशानी या भारीपन न महसूस हो।

नर्सिंग ब्रा

यह ब्रा ख़ासतौर पर उन महिलाओं के लिए बनायी गयी है, जो फीडिंग करा रही होती हैं। उन्हें बच्चे को दूध पिलाने में काफ़ी परेशानी होती है, लेकिन इस ब्रा को इस तरह डिज़ाइन किया गया है कि इसे खोलकर आसानी से फीड कराया जा सके।

जिप कप ब्रा

इस ब्रा में कप के पास में एक जिप लगी रहती है। फीड कराते समय इसे आसानी से खोलकर फीड कराया जा सकता है, क्योंकि जब एक हाथ में बच्चा होता है, तो ब्रा खोलने में परेशानी होती है।

पैडेड अण्डरवायर ब्रा

दोनों वक्षों के आकार में थोड़ा–बहुत अन्तर होता है, पर कई महिलाओं के वक्षों के साइज़ में काफ़ी अन्तर होता है। इसके लिए सर्जरी एकमात्र उपाय है, पर पैडेड अण्डरवायर ब्रा भी आजमा सकती हैं।

मैटननिटी ब्रा

जानकारों के अनुसार ग़लत ब्रा पहनने से वक्षों के रक्तसंचार में बाधा आती है। रीढ़ की हड्डी भी दुष्प्रभावित होगी, इससे गरदन, कमर का ऊपरी हिस्सा, कन्धों और बाहों में दर्द की शिकायत रहती है। इसलिए ज़रूरी है कि सभी महिलाएँ अपने नाप के अनुसार ही ब्रा ख़रीदें। ख़ासकर गर्भावस्था के दौरान ख़ास केयर (सावधानी) की आवश्यकता होती है। इन दिनों ब्रेस्ट का साइज़ बढ़ता है। ऐसे में मैटरनिटी ब्रा पहनने पर काफी आराम महसूस होता है। इसे गर्भवती महिलाओं के लिए ही बनाया जाता है।

मास्टैक्टोमी ब्रा

यह ब्रा ख़ासकर कैंसर से पीड़ित महिलाओं के लिए बनायी गयी है। यह अण्डरवायर होती है। यह काफ़ी नैचुरल लुक देती है, साथ ही यह काफ़ी सुविधाजनक भी होती है।

ब्रा ख़रीदते समय ध्यान दें

- अपने नाप के अनुसार ही ब्रा का चयन करें।

- ज़्यादातर महिलाएँ काफ़ी समय तक ब्रा को पहनती रहती हैं, जबकि इसे 2 साल से ज़्यादा इस्तेमाल नहीं करना चाहिए।

- ध्यान रखें कि ब्रा के स्ट्रैप और कपड़े में ढीलापन आने पर वक्षों को सही सपोर्ट नहीं मिल पायेगा।

- सिन्थैटिक फैब्रिक वाली ब्रा शरीर को हानि पहुँचा सकती है, इसलिए सूती ब्रा ही ख़रीदनी चाहिए। इससे त्वचा साँस लेती है और खुजली जैसी समस्या भी कम होती हैं।

- लेसी व अण्डरवायर ब्रा को वाशिंग मशीन में नहीं धोना चाहिए, वरना यह ख़राब हो जाती हैं।

- जब माहवारी हो रही हो, तो ब्रा पहनने से बचें, क्योंकि उन दिनों वक्षों का आकार थोड़ा बड़ा हो जाता है या फिर उन दिनों के लिए थोड़े–बड़े साइज़ की ब्रा ले आयें।

भाग-2
फिटनेस-सम्बन्धी

कैसे रहें फिट?

कहते हैं कि 'महिला' परिवार की धुरी होती है। यदि महिला सेहतमन्द होती है, तो उसका परिवार भी सेहतमन्द होगा। आज के समय में महिलाओं का सेहतमन्द होना और भी ज़रूरी है, क्योंकि वे घर के साथ–साथ बाहर भी काम करने लगी हैं।

आमतौर पर घरेलू महिलाएँ हों या फिर कामकाजी महिलाएँ, काम के बोझ तले वे अपने खान–पान और स्वास्थ्य को बिलकुल भूल जाती हैं और अपना ख़्याल नहीं रख पातीं। ऐसे में वे जल्दी–जल्दी बीमार पड़ने लगती हैं, या फिर कई बार किसी गम्भीर बीमारी का शिकार भी हो सकती हैं।

यदि आप चाहती हैं कि आप फिट रहें, ताकि आप अपने करियर और परिवार की देख–भाल अच्छी तरह से कर सकें, तो इसके लिए आपको अपनी अतिरिक्त देख–भाल करनी होगी। आइए जानें कुछ टिप्स, जिनको अपनाकर आप सेहदमन्द और चुस्त–दुरुस्त रह सकती हैं।

- सेहतमन्द रहने का सबसे आसान और बढ़िया उपाय है– व्यायाम। आप अपनी दिनचर्या में व्यायाम शामिल करें। इसके लिए आपको सुबह–सुबह 30 से 45 मिनट टहलना चाहिए और कुछ व्यायाम भी करने चाहिए, जिससे आपमें चुस्ती बनी रहे और आप बीमारियों से भी बची रहें।
- फिट रहने के लिए आपका अपने वज़न पर नियन्त्रण करना बेहद ज़रूरी है, क्योंकि मोटापा कई बीमारियों की जड़ होता है। इसलिए आपको चाहिए कि यदि आपका वज़न बढ़ा हुआ है या आप मोटी हैं, तो आप अपना वज़न कम करने के लिए नियमित रूप से व्यायाम करें, साथ ही शारीरिक सक्रियता भी बढ़ायें।
- महिलाओं को प्रोटीन, विटामिन और कैल्शियम की अधिक ज़रूरत होती है। ऐसे में आपको प्रतिदिन

दूध पीना चाहिए। आप चाहें तो पनीर और अण्डे का सेवन कर सकती हैं। इससे आपको प्रोटीन और कैल्शियम भरपूर मात्रा में मिलेगा।

☞ महिलाओं के स्वास्थ्य के लिए ज़रूरी है कि वे अपनी डायट (आहार) में हरी सब्ज़ियाँ, सलाद, मौसमी फल और ड्राई फ्रूट्स को शामिल करें। इससे न सिर्फ़ वे सेहतमन्द रह सकती है, बल्कि उनकी कार्यक्षमता भी बढ़ेगी और रोग उनसे दूर रहेंगे।

☞ फिट रहने के लिए आपको चटपटे मसालेदार खाने को छोड़ना चाहिए। इसके साथ ही आपको जंकफूड और बाहर के खाने को भी भूलना होगा, तभी आप फिट रह पायेंगी।

☞ सम्भव हो, तो आप रात में जल्दी खायें और रात को खाने के बाद कम−से−कम 30 मिनट टहलें।

☞ यदि आपको जल्दी गुस्सा आता है, या फिर जल्दी ही आप तनाव में आ जाती हैं, तो इसके लिए आप अपने पसन्दीदा कामों को करने के लिए समय निकालें। यदि आप संगीत सुनने, डांस करने, कोई गेम खेलने का शौक़ रखती हैं, तो उसे पूरा करें। इससे आप पायेंगी कि तनाव खुद−ब−खुद आपसे दूर हो रहा है।

☞ स्वस्थ रहने के लिए आपको शारीरिक रूप से सक्रिय रहना ज़रूरी है। इसके साथ ही यदि आपको 'बेड टी' की आदत है, तो इसे भी आपको बदलना होगा। दूध वाली चाय के बजाय, ग्रीन टी, लेमन टी इत्यादि लेना चाहिए।

नयी माँ और फिटनेस

मातृत्व का सुखद एहसास जहाँ जीवन को खुशियों से सराबोर कर देता है, वहीं कई बार नयी–नयी बनी माताएँ स्वयं पर ध्यान नहीं देने की वजह से कई परेशानियों से भी दो–चार हो जाती है। मसलन, पीठ का दर्द, शरीर का थुलथुलापन, बालों का झड़ना वगैरह। पर स्वयं में थोड़ी–सी देखभाल न केवल आपको एक कमनीय काया देगी, बल्कि एक नये रूपरंग में भी ढाल देगी। आइए, जानते हैं सुप्रसिद्ध स्त्रीरोग विशेषज्ञा डा. एकता बाजाज से–

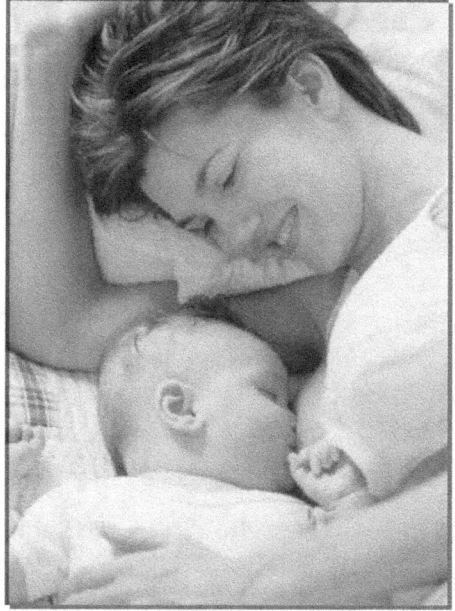

प्रश्नः *आप नयी बनी माँ को एकदम फिट रहने के लिए क्या और कब सलाह देती हैं?*

उत्तरः हम गर्भवती महिलाओं की ही काउंसलिंग करना शुरू कर देते हैं कि कैसे शुरू से ही अपनी केयर करें, हाई न्यूट्रीशनल वाली डाइट लें और फोलिक एसिड लगातार लेती रहें, जिससे शरीर ठीक रहे। ऐसा खाना खायें, जिसकी न्यूट्रीशनल वैल्यू हो, जैसे ब्रोकली, पत्तागोभी, अण्डे इत्यादि। इसके अलावा हलके व्यायाम और योगाभ्यास करना भी ठीक रहता है और घूमना बहुत लाभदायक रहता है। साथ ही गुस्से को भी क़ाबू में रखना चाहिए। इससे बच्चा तेज़ होगा और आप भी बाद में फिट रहेंगी। हम यह भी सलाह देते है कि 9 महीने अपने बदलते शरीर को एंज्वाय करें, खुश रहें, उससे चिढ़ें नहीं। इससे जहाँ मानसिक रूप से आप खुश रहेंगी और तरोताज़ा महसूस करेंगी, वहीं होने वाला बच्चा भी प्यारा होगा। बच्चा पैदा होने के बाद हम बच्चे से माँ का स्पर्श कराते हैं, जिससे उसके मन में ममता उमड़े।

प्रश्नः *कई महिलाओं के मन में यह बात घर (प्रवेश) कर गयी है कि बच्चे को फीडिंग (स्तनपान) कराने से उनकी फिगर ख़राब हो जाती है। आपका इस बारे में क्या कहना है? साथ ही बच्चे को सही फीड देने (स्तनपान कराने) का तरीक़ा बतायें।*

उत्तरः पहले तो यह समझ लीजिए कि माँ का दूध बच्चे के लिए बेहद ज़रूरी होता है। माँ के दूध से बच्चा जो खुराक़ पाता है वह स्वयं में सम्पूर्ण होता है। माँ के दूध से उसे पूरी खुराक़ मिल जाती है। जहाँ तक सवाल है, सही तरीक़े का, तो स्तनों को धोकर साफ़ करके बच्चे को फीडिंग करानी चाहिए।

फीडिंग के बाद भी स्तनों की सफ़ाई पर पर्याप्त ध्यान देना ज़रूरी है।

प्रश्नः *देखने में आया है कि कई माताओं में दोनों स्तनों के साइज़ में बहुत अन्तर हो जाता है, क्या यह ठीक है?*

उत्तरः यह समझ लें कि दोनों स्तनों के साइज़ में अन्तर होता ही है, एक बड़ा होता है और दूसरा कुछ छोटा। नयी माँ को यह समझ लेना चाहिए कि बच्चे को दोनों स्तनों से फीड (स्तनपान) कराना चाहिए, वरना एक स्तन बढ़ सकता है व एक छोटा रह सकता है। प्रयोग में न लाया जाने वाला स्तन हार्ड (सख्त) हो सकता है, उसमें गाँठें बन जाती हैं, जो दूध की ही होती है, पर परेशान बहुत करती हैं। दोनों स्तनों से दूध पिलायेंगी, तो शेप भी बनी रहेगी और दोनों स्तन अच्छे भी लगेंगे। इसके अलावा हर माँ को सलाह दी जाती है कि वह सपोर्टिंग व फीडिंग ब्रा पहने। इससे सपोर्ट बनी रहती है।

प्रश्नः *यह भी देखा गया है कि कई बार कई माताओं में पीठ के दर्द से परेशानी भी हो जाती है। आप क्या सलाह देंगी?*

उत्तरः दरअसल, ग़लत पोश्चर से दूध पिलाने से पीठ का दर्द हो जाता है। झुककर दूध न पिलायें, बल्कि पीठ के पीछे सिरहाना रखकर, सीधे बैठकर दूध पिलायें।

प्रश्नः *बालों के झड़ने की समस्या से भी अकसर नयी माँ को गुज़रना पड़ता है। हेयरकेयर की क्या सलाह देंगी?*

उत्तरः दरअसल, कई घरों में माँ को नहाने से मना करने से उसके बालों में ह्यूमिडिटी हो जाती है। इससे बाल झड़ने शुरू हो जाते हैं। हफ़्ते में 2 बार शैम्पू करने से यह समस्या कम हो सकती है। इसके अलावा बालों में रात को हॉट हेयर आयल की मसाज़ करके सुबह शैम्पू कर लें। गरम तेल की मालिश के बाद गरम पानी में निचोड़े तौलिये को भी सिर पर लपेट लें। इससे स्कैल्प में अच्छी तरह तेल लगा रहता है। जड़ें मज़बूत होती हैं और बाल झड़ने से रुक जाते हैं।

इसके अतिरिक्त हरी सब्ज़ियाँ जैसे–पालक, लौकी, तोरी आदि का प्रयोग करें व लाल सब्ज़ियाँ जैसे गाजर, चुकन्दर आदि खूब खायें। अनार, आँवला व सेब खाने से बालों को पोषण मिलता रहे, तो भी वे नहीं झड़ते।

प्रश्नः *आँखों के नीचे अकसर काली झाइयाँ पड़ जाती हैं और शरीर भी थका–सा रहता है। इसका क्या उपचार है?*

उत्तरः रात को जागने से काली झाइयाँ हो जाती हैं, तो नयी माँ को चाहिए कि जब बच्चा सोये, तब वह भी अपनी नींद पूरी कर ले। फेसकेयर का ध्यान भी रखे, साबुन का प्रयोग न करके बेसन या दूध से चेहरा साफ़ करे। गुलाबजल में नींबू व ग्लिसरीन मिला कर चेहरे पर लगाना चाहिए।

इसके साथ ही जुड़ी हैं, पेट पर स्ट्रेच मार्क्स की समस्या। ये मार्क्स थोड़े–बहुत ब्रेस्ट पर भी हो सकते हैं। हम गर्भवती महिलाओं को एण्टीस्ट्रेच मार्क्स क्रीम व विटामिन 'ई' तेल लगाने की सलाह देते हैं। बच्चा होने के बाद जब वे मसाज़ कराती हैं, तो जैतून के तेल में विटामिन 'ई' आयल मिलाकर मसाज करानी चाहिए, पर बच्चा सीजेरियन से हुआ है, तो कुछ दिनों तक पेट पर मसाज़ बिलकुल नहीं करानी चाहिए, क्योंकि तब टाँके कच्चे होते हैं। नॉर्मल डिलीवरी में 5–6 दिन बाद मसाज़ करायी जा सकती है।

यहाँ मैं यह सलाह अवश्य दूँगी कि घर में ही 3–4 दिन बाद थोड़ी वाक (टहलना) शुरू कर दें। 2 हफ़्ते बाद हलकी एक्सरसाइज़ शुरू की जा सकती है। गहरी साँस लें। इससे पेट के मसल्स मज़बूत होते हैं व पेट भी अन्दर जाता है। 3 महीने के बाद जिम जायें व स्विमिंग भी कर सकती हैं।

सीजेरियन केसों में आजकल टाँके अन्दर रहते हैं, इसलिए पट्टी हटाने के बाद साबुन से धो लें।

प्रश्नः *नॉमर्ल डिलीवरी के बाद कई बार योनि में ढीलापन आ जाता है और कई बार उस भाग में खुजली भी हो जाती है। क्या करे नयी माँ ?*

उत्तरः उस भाग में खुजली के लिए एक तो हाईजीन का बहुत ध्यान रखना चाहिए, दूसरे रोज़ उस भाग को लैक्टी फैम लोशन से धोयें, उसे साबुन की तरह प्रयोग करते हुए धोना चाहिए, इससे हाईजीन बनी रहेगी। योनि के ढीलेपन को दूर करने के लिए उसकी एक्सरसाइज़ रोज करें। कुरसी पर बैठकर योनि को कसकर ढीला छोड़ें, जैसे मूत्र रोकने के लिए करते हैं। इस व्यायाम को प्रतिदिन करें। इसको लगातार करने से योनि में कसावट आ जाती है

इसके अलावा योनि में डिस्चार्ज की समस्या भी होती हो, तो नियमित हाईजीन व लोशन से धोने से वह ठीक हो जाती है। फिर भी यदि डिस्चार्ज में बदबू आये, तो तुरन्त किसी स्त्री–रोग विशेषज्ञा को अवश्य दिखा दें।

प्रश्नः *प्रसव के कितने समय बाद सेक्स करना चाहिए और क्या सावधानी बरतें व दूसरे बच्चे के बीच कितना अन्तर होना चाहिए?*

उत्तरः बच्चे के जन्म के 3 महीने के बाद सेक्स किया जा सकता है। कहने का अर्थ है कि जब तक सब कुछ पॉजिटिव न हो जाये, सेक्स से परहेज़ करें। हाँ, इसके लिए गर्भनिरोधक अवश्य प्रयोग में लायें। अन्यथा दोबारा गर्भधारण की समस्या हो सकती है। दूसरे बच्चे के बीच अन्तर 2–3 साल का होना चाहिए। पर यदि आयु अधिक हो, तो अन्तर को कुछ कम भी किया जा सकता है। यदि योनि में सूखापन हो जाता है, तो लुब्रिकेशन क्रीम लगायी जा सकती है।

बच्चा होने के बाद स्वयं को मेण्टेन अवश्य करना चाहिए और हाइजीन का ख़ास ध्यान रखना ज़रूरी है।

तो क्यों न नयी माँ ज़रा–सी केयर से बच्चे के ध्यान के साथ–साथ स्वयं को भी फिट और स्मार्ट रखे, जिससे वह माँ बनने के अवर्णनीय सुख का आनन्द उठा सके।

बॉडी मसाज

आज के आधुनिक युग में जहाँ मानसिक व शारीरिक थकावट से आराम रात भर सोने के बाद मिलता है, वहीं 'मालिश' संजीवनी का काम करती है। सौन्दर्य का मुख्य आधार भी मालिश ही है, फिर चाहे वह फेशियल हो, पैडीक्योर हो अथवा मैनी क्योर।

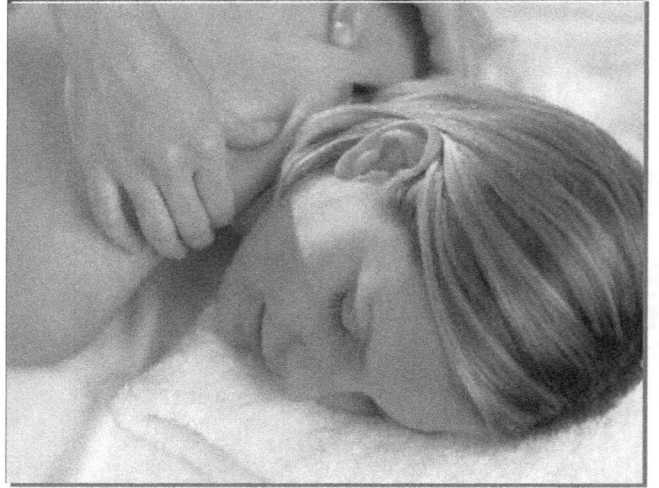

- ➪ मालिश से शरीर सुन्दर व सुडौल बनता है।
- ➪ इससे रोगप्रतिरोधक और सैक्सुअल पावर बढ़ती है।
- ➪ मालिश द्वारा माँसपेशियों को सक्रिय करके रक्तसंचार बढ़ाया जाता है, जिससे भारीर में जमे हुए विकार, शिराओं के माध्यम से फेफड़ों में आकर ऑक्सीजन के सम्पर्क से भारीर से बाहर निकल जाते हैं व टूटे हुए कोशाणुओं की जगह नय कोषाणुआ जाते हैं
- ➪ आयु बढ़ने के बावजूद शारीरिक सुन्दरता मनीयता व कोमलता बनी रहती है।

मालिश का सही तरीक़ा

मालिश करने का मतलब मात्र शरीर पर तेल लगाना नहीं है। मालिश करते समय निम्नलिखित बातों का ध्यान रखना ज़रूरी है—

- ➪ मालिश करने वाले को मनुष्य के अंगो की जानकारी प्राप्त कर लेनी चाहिए, ताकि यह ज्ञात हो कि मानिशकादबाव किस दिशा में व कितना हो।
- ➪ मालिश करने से पहले हाथों को धोना आवश्यक है।
- ➪ मालिश हमेशा लिटाकर करें। लिटाने का स्थान आरामदायक होना चाहिए।
- ➪ मसाज की शुरूआत पैरों से करें। ध्यान रखें, मसाज शरीर में होने वाले रक्तसंचार की विपरीत दिशा में कदापि न करें।

पैरों की अँगुलियों, पिडलियों, जँघाओं के बाद दोनों हाथों, भुजाओं, पेट, छाती, पीठ और फिर कन्धों की मालिश करनी चाहिए।

- ठण्डी मलिश में ऊपर यानी सिर से मलिश शुरू करते हुए नीचे को आना चाहिए, ठण्डी मलिश धमनियों को तेज चलाने के लिए की जाती है।
- मलिश झटके न देकर धीमे व दबाव डालने हुए करें। हाथों और दबाव में सन्तुलन बनाये रखें। गति में लय होनी चाहिए झटके से अगला स्टैप बदलने के बजाय लय के साथ बदलें।
- जिस अंग की मालिश करनी है, उसे छोड़कर बाकी शरीर को कपड़े से ढककर रखे।
- आप मालिश कराते वक्त शरीर को बिलकुल शिथिल छोड़ दें। पेट की मालिश करते वक्त दोंनों घुटनों को मोड़ लें।
- बीमार व कमजोर व्यक्ति को मालिश नहीं करवानी चाहिए।

कुछ बातें ध्यान देने योग्य

- मालिश तेल, पाउडर, उबटन, फलका गूदा, मलाई, मक्खन, दूध, पानी, मछली का तेल, बादाम, जैतून या नारियल का तेल, सरसों का तेल, घी इत्यादि पदार्थों से की जाती है। अतः इसका चयन अपनी आवश्यकतानुसार करें।
- सरसों या नारियल तेल को शीशी में डालकर कुछ दिन धूप में रखना चाहिए। सूर्य की किरणों के प्रभाव से तेल की शक्ति बढ़ जाती है।
- यदि शरीर में खुजली हो, तो नारियल के तेल में गेंदे के पत्तों का रस निकाल कर तेल में मिलाकर लगायें।
- यदि त्वचा खुश्क है, नहाने के बाद, जब त्वचा नम हो, नारियल के तेल से मालिश करवायें और तब तक करवायें, जब त्वचा पूरा तेल न सोख ले।

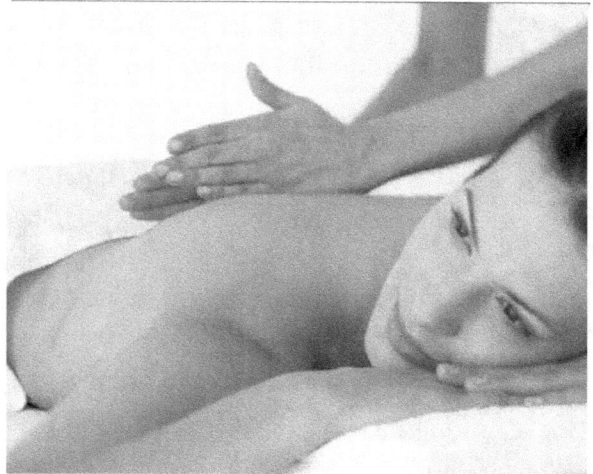

मोटापे से नजात

यदि आप मोटी हैं या शरीर में अतिरिक्त चरबी चढ़ गयी है, तो इसे हटाने के लिए आप मसाज थेरैपी की सहायता ले सकती हैं। मसाज थेरैपी द्वारा आप न केवल खुद को हैल्दी (स्वस्थ) रख सकती हैं, बल्कि सैक्सुअल लाइफ का भी भरपूर आनन्द ले सकती हैं।

- आजकल बाज़ार में ऐसे अनेक हर्बल तेल उपलब्ध हैं, जिनसे मसाज करने पर आपके शरीर में रक्तसंचार बढ़ेगा और त्वचा द्वारा सोखे जाने पर चरबी नष्ट हो जायेगी।

चेहरे की मसाज

- फेशियल कराते समय सफ़ाई का विशेष ध्यान रखें। कुशल हाथों द्वारा किया गया फेशियल रूप को निखारता है।
- त्वचा के अनुरूप क्रीम लेकर हल्के हाथों से गरदन व चेहरे की मसाज करें।
- मसाज हमेशा नीचे से ऊपर की ओर करें ताकि त्वचा लटके नहीं।

बालों की मसाज

- बालों की जड़ों को छूते हुए नियमित कंघी करें। कंघे के दाँत मोटे होने चाहिए, इससे घर्षण उत्पन्न होता है। उसके बाद गोल दाँतों वाले ब्रश से 5 मिनट तक आहिस्ता–आहिस्ता ब्रश करें। इससे रक्तसंचार तेज़ होगा। कंघी या केशों की गन्दगी चेहरे पर न गिरे। इससे मुँहासे होने का ख़तरा होता है।
- सप्ताह में 1 या 2 बार ऐण्टीसैप्टिक तेल से सिर की मालिश करें। तेल कुनकुना करके पोरों से हलके–हलके मालिश करें। दोनों हथेलियों से माथे को धीरे–धीरे दबायें।

हाथों की मालिश

- मलाई में थोड़ा–सा नींबू का रस मिलाकर हाथों की मालिश करें। नारियल व सरसों का तेल भी मालिश के लिए काफ़ी उपयोगी सिद्ध होता है।
- कलाई से कुहनी तक मालिश करें। कुहनियों पर गोलाई से मालिश करें। ऊपरी बाँह पर इस तरह मालिश करें, जैसे कपड़े निचोड़े जाते हैं। इससे रक्तसंचार तो बढ़ता ही है, अतिरिक्त चरबी भी कम होती है।
- नाखूनों पर औलिव ऑयल या बादाम के तेल से मालिश करें, इससे नाखून मज़बूत व चमकीले होंगे।
- अँगुलियों के पोर से, अँगुलियों के जोड़ों तक, फिर जोड़ से कलाई तक मालिश करें। फिर अपनी एक हथेली तक मालिश करें। फिर अपनी एक हथेली से दूसरी हथेली को दबाते हुए अँगुलियों को चटकायें।

पैरों की मालिश

- पंजों से लेकर एड़ियों तक मालिश करें। फिर गोलाई में टखनों की मालिश करें।
- पहले टखने से लेकर घुटने तक, फिर पहले पैर के अग्रिम भाग में, फिर पेट के बल लेटकर पैर के पार्श्व भाग की मालिश करें।
- घुटनों की मालिश गोलाई में करें। पंजों की मालिश आटा गूँधने की मुद्रा में करें।
- घुटनों से लेकर कूल्हों तक मालिश लम्बाई में करते हुए कूल्हों की माँसपेशियों को दबायें, फिर कूल्हे से लेकर कमर की मालिश अपने दोनों हाथों से रीढ़ की हड्डी से शुरू करते हुए बाहर की तरफ़ ले जायें। इससे कमर सुदृढ़ व सुडौल होगी। यदि सर्वाइकल या आर्थ्राइटिस की समस्या है, तो डाक्टर की सलाह से मालिश करें।

ताकि हमेशा साथ दे, आपका मस्तिष्क

कुछ न कुछ करते रहिए

वैज्ञानिकों का मानना है कि नियमित रूप से एरोबिक व्यायाम करना आपके दिमाग़ के लिए बेहद ज़रूरी है। मानसिक फिटनेस के लिए रोज़ाना कम–से–कम 30 मिनट तक आपको एरोबिक एक्सरसाइज़ अवश्य करनी चाहिए।

खाना कैसा हो

कम ग्लाइकेमिक, उच्च फाइबर, वसा और प्रोटीन वाला खाना शरीर में धीरे–धीरे टूटता है। ऐसा आहार मस्तिष्क के लिए अच्छा है और ज़्यादा ऊर्जा एवं शरीर को स्वस्थ रखता है। कई बार कम कैलोरी भी मस्तिष्क की स्मरण–शक्ति और कार्यक्षमता को कमज़ोर कर देती है। कई अध्ययनों से यह बात साबित हुई है कि व्याकुलता, भ्रम और कमज़ोर याददाश्त का कारण डाइटिंग या ठीक से भोजन न करना है।

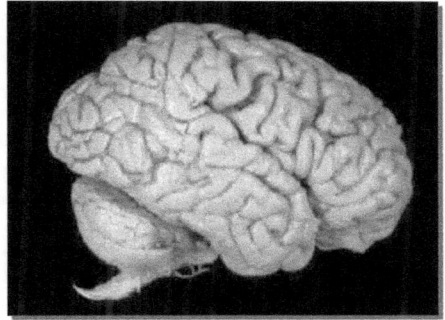

ख़्याल रखें शरीर का

आमतौर पर होने वाली बीमारियाँ, जैसे–डायबिटीज़, मोटापा और उच्च रक्तचाप जैसे रोग काफ़ी हद तक आपके मस्तिष्क को प्रभावित करते हैं, इसलिए इन बीमारियों पर क़ाबू पाना बेहद ज़रूरी है।

आराम भी है ज़रूरी

जब हम आराम करते हैं, नींद लेते हैं या सपनों में खो जाते हैं, तो हम एक अलग ही दुनिया में चले जाते हैं, जहाँ हमारे मस्तिष्क को भी आराम मिलता है। एक अध्ययन से यह बात सामने आयी है कि जब हम अपनी नींद पूरी नहीं करते हैं, तो प्रोटीन के बनने में मुश्किलें आती हैं, जिससे हमारे सीखने और समझने की शक्ति पर उलटा असर पड़ता है।

कॉफी है असरदार

अध्ययनों से पता चला है कि कॉफी पीने की आदत भी आपके मस्तिष्क को तरोताज़ा रखती है। एक बड़े अध्ययन से यह बात भी सामने आयी है कि दिन में दो से चार कप कॉफी से अलमाइज़र (भूलने की बीमारी) की घटनाओं में 30 से 60 प्रतिशत तक की कमी आयी है।

सप्लीमेण्ट लेने से बचें

मल्टीविटामिन, प्रोटीन जैसे सप्लीमेण्ट लेना पैसों की बरबादी से ज़्यादा कुछ नहीं है। सप्लीमेण्ट्स के इस्तेमाल से उच्च रक्तचाप, पाचन, प्रजनन—सम्बन्धी समस्याएँ पैदा होती हैं।

माइण्ड गेम्स हैं फ़ायदेमन्द

पहेलियाँ, सुडोकू और अन्य माइण्ड गेम्स आपके दिमाग़ और स्मरण—शक्ति के लिए बहुत फ़ायदेमन्द हैं। बढ़ती उम्र में ज़्यादा से ज़्यादा जानने की कोशिश करना दिमाग़ के लिए किसी भी एक्सरसाइज़ से कम नहीं है।

सन्तरे का रस भी है, लाभकारी

सन्तरा विटामिन 'सी' का सबसे अच्छा ज़रिया है, जो आपकी प्रतिरक्षा प्रणाली को मज़बूत करता है। ध्यान रहे कि सन्तरे के रस की मात्रा ज़्यादा न हो, क्योंकि इसमें उच्च कैलोरी होती है। डिब्बाबन्द जूस पर चीनी आदि की मात्रा पढ़कर ही उसका सेवन करें।

सन्तुलित आहार

जीवन में अच्छी सेहत और फिटनेस के लिए भोजन यानी आहार का महत्त्व किसी से छिपा नहीं है। किसी ख़ास इलाक़े में उपलब्ध खाद्यान्नों के प्रकार और जलवायु की दृष्टि से पौष्टिक आहार के बारे में अलग—अलग समुदाय की राय भले ही अलग—अलग हो, लेकिन इस बात पर सभी एक राय हैं कि इसके बग़ैर स्वस्थ जीवन की कल्पना भी नहीं की जा सकती। आहार हमारी शक्ति और विकास का मूल स्रोत हैं। जहाँ कार्बोहाइड्रेट और वसा हम में शक्ति का संचार करते हैं, वहीं प्रोटीन हमारे शरीर के उचित विकास और किसी अस्वस्थता की स्थिति में मरम्मत की ज़िम्मेदारी निभाते हैं। इनके अलावा विटामिन और मिनरल्स (खनिज) हैं, जो हमारे शरीर के विभिन्न तन्त्रों को दुरुस्त रखने में महत्त्वपूर्ण भूमिका निभाते हैं।

मुख्य आहार : अनाज

खाद्यान्न को कार्बोहाइड्रेट्स और प्रोटीन का ख़ज़ाना कहें, तो अनुचित नहीं होगा। सारी दुनिया में लोग मूलभूत शारीरिक विकास और शक्ति के लिए विभिन्न खाद्यान्नों पर ही निर्भर करते हैं। गेहूँ, चावल, जौ वगैरह से हमें काफी प्रोटीन मिलते हैं, हालाँकि इनमें मूँगफली, दाल या माँस जितने समृद्ध प्रोटीन नहीं होते। प्रतिदिन

आधा से एक किलोग्राम अनाज से हमें 35 से 70 ग्राम प्रोटीन मिलता है, जबकि दाल या मूँगफली से हम केवल एक दिन में केवल 10 से 20 ग्राम प्रोटीन हासिल कर पाते हैं, क्योंकि इनका औसत दैनिक उपयोग 50 ग्राम के आसपास ही होता है। इसलिए अनाज के बग़ैर भोजन की कल्पना नहीं की जा सकती और इसे अनदेखा करने पर कुपोषण का ख़तरा मँडराने लगता है।

ऊर्जा की ज़रूरत और आहार

शरीर को ऊर्जा देने के लिए ऐसे आहार की ज़रूरत होती, जो भोजन को बर्न करे। अर्थात ग्रहण किये गये खाद्य पदार्थ वास्तविक शक्ति में तब्दील करने वाले तत्त्व भी आपकी ख़ुराक में शामिल होने चाहिए। इस पूरी प्रक्रिया को, जो शरीर के हर भाग में सतत चलती रहती है, 'मैटाबॉलिज्म' कहते हैं। अनाज में मौजूद स्टार्च ऊर्जा का सर्वप्रमुख स्रोत है। चीनी स्टार्च का ही प्रोडक्ट है। दूध, गन्ना और फलों में भी स्टार्च मिलता है। गेहूँ और चावल में मौजूद स्टार्च में शुगर के काफी कण होते हैं। इसीलिए चावल या ब्रैड को देर तक चबाने से ये मीठे लगते हैं। इनके कणों में कार्बन, हाइड्रोजन और ऑक्सीजन के अणु भी होते हैं, इसलिए इन्हें कार्बोहाइड्रेट्स कहा जाता है।

तेल और घी, यानी वसायुक्त पदार्थों में कार्बोहाइड्रेट्स की तुलना में दोगुनी ताकत होती है। ऊर्जा की ज़रूरत हमारी उम्र, लिंग, मौसम और काम के तरीके पर निर्भर होती है। ऊर्जा का माप कैलारी होता है। आमतौर पर कम शारीरिक श्रम करने वाले 55 किलोग्राम वजन के पुरुष को 2400, मध्यम शारीरिक काम करने वाले को 2800 और भारी श्रम करने वाले पुरुष को 3900 कैलारी की ज़रूरत होती है। इसी प्रकार कम शारीरिक श्रम करने वाली 45 किलोग्राम वजन की महिला को 1900, मध्यम शारीरिक श्रम करने वाली महिला को 2200 और भारी श्रम करने वाली महिला को 3000 कैलोरी की ज़रूरत होती है। आयुर्वेद विज्ञान के अनुसार कफ दोष वाले लोगों को पित्त दोष वाले लोगों से कम कैलोरी की आवश्यकता होती है।

वसा और प्रोटीन की उपयोगिता

तेल, घी, मक्खन, मेवा जैसे वसा युक्त भोजन से शरीर को केवल ऊर्जा ही नहीं मिलती, ये हमारे शरीर में जोड़ों और नाजुक अंगों को नरम रखने यानी लुब्रिकैण्ट का काम भी करते हैं। एक आम इनसान को प्रतिदिन कुछ पचास ग्राम फैट की ज़रूरत होती है। शरीर में कुछ फैट सरप्लस कार्बोहाइड्रेट्स से भी बनता है। इसलिए अकसर अतिरिक्त वसा भी शरीर में मुसीबत पैदा कर देती है। वसा की कमी और अधिकता, दोनों ही बीमारियों को न्यौता देती हैं।

उधर प्रोटींस का अपना अलग महत्त्व है। हमारा शरीर प्रोटीन, मिनरल्स और फैट्स से मिलकर ही बनता है। प्रोटीन दरअसल एमिनो एसिड्स की श्रृंखला है, जिनमें कार्बन, हाइड्रोजन, ऑक्सीजन और नाइट्रोजन होते हैं। प्रोटीन हमारे शरीर में मौजूद ऊतकों के निर्माण, मरम्मत और संरक्षण के लिए ज़िम्मेदार होते हैं। हमारी त्वचा, पेशियाँ, बाल, नाखून सब कुछ प्रोटीन की वजह से हैं। प्रोटीन हमारे शरीर में द्रव और एंजाइम्स के रूप में प्रचुर मात्रा में मौजूद रहते हैं, जिनसे पाचन–क्रिया में मदद मिलती है और शरीर में ऑक्सीजन का सरलता से संचरण होता है। एण्टी–बॉडीज के तौर पर प्रोटींस जीवाणुओं से लोहा लेते हैं।

प्रोटीन की दैनिक ज़रूरत हमारी उम्र, लिंग और वजन पर निर्भर करती है। जन्म से किशोरावस्था तक अपने वजन के दो ग्राम/प्रति किलोग्राम, उसके बाद बीस की उम्र तक डेढ़ ग्राम/प्रति किलोग्राम और

उसके बाद एक ग्राम/प्रति किलोग्राम प्रोटीन लेना आवश्यक होता है। गर्भवती महिला को ज़्यादा प्रोटीन की ज़रूरत होती है। उसे अपने वजन के डेढ़ ग्राम/प्रति किलोग्राम के हिसाब से प्रोटीन लेना चाहिए। आपकी जानकारी के लिए बता दें कि प्रति सौ ग्राम चावल में 6.8 ग्राम, गेहूँ में 11.8, मक्का में 11.1, चने में 20.8, मूँगफली में 25.3, अण्डे में 13.3, भैंस के दूध में 4.3, भेड़ के माँस में 21.4 और मछली में 20.2 ग्राम प्रोटीन होते हैं।

विटामिन और मिनरल्स

हमारे शरीर को अत्यधिक विटामिन और मिनरल्स की ज़रूरत तो नहीं होती, लेकिन इनकी कमी से परिणाम अत्यन्त गम्भीर होते हैं। विटामिन छह प्रकार के होते : ए, बी, सी, डी, ई और के। विटामिन 'बी' और 'सी' पानी में घुलनशील होते हैं, जो ज़्यादा समय तक शरीर में नहीं रुकते और मूत्र के जरिये बाहर आ जाते हैं, जबकि ए, डी, ई और 'के' वसा में घुलनशील हैं, जो सारे शरीर में वसा के साथ कई–कई महीनों तक टिके रहते हैं। इनका आधिक्य शरीर में कई समस्याएँ पैदा कर देता है। इनके अलावा, विटामिन 'बी' कॉम्प्लैक्स में बी–1, बी–2, बी–6, और बी–12 शुमार होते हैं।

जहाँ तक मिनरल्स का सवाल है, आयोडीन, कैल्शियम, आयरन, फॉस्फोरस, पोटैशियम, कॉपर और मॅग्नेशियम थोड़ी–थोड़ी मात्रा में हमारे शरीर में मौजूद होते हैं, लेकिन किसी वजह से इनकी कमी होने पर एनीमिया और दूसरी परेशानी पैदा हो सकती है। इसी प्रकार रेशेयुक्त पदार्थ यानी फाइबर्स का भी आहार में अपना महत्त्व है। फलों और सब्जियों में इनका भण्डार होता है। खासकर गेहूँ, जौ, ज्वार और बाजरे के छिलके, सेब के छिलके और पालक का नित्य सेवन करना पाचन और पोषण दोनों दृष्टियों से श्रेष्ठ रहता है।

कुल मिलाकर कह सकते हैं कि अगर आपकी थाली में आहार के ये सभी आवश्यक तत्त्व मौजूद रहते हैं, तो आपकी सेहत को कोई खतरा नहीं होगा, और आप सदैव तन्दुरुस्त रहेंगे। और, जैसा कि कहा गया है–एक तन्दुरुस्ती, हजार नियामत है।

सन्तुलित आहार
बैलेंस डाइट से न्यूरोट्रांसमीटर (दिमाग को केमिकल भेजने वाले) बेहतर तरीके से काम करता है, जिससे याददाश्त बेहतर होती है।

ब्रेकफास्ट
शोधकर्ता कहते हैं कि बच्चों को ब्रेकफास्ट हमेशा करना चाहिए।

> ⇨   दलिया, ब्रेड और अनाज।
> ⇨   प्रोटीन जैसे कि मूँगफली का मक्खन और तेल में पकाया गया अण्डा।
> ⇨   जूस के बजाये फल।

लंच

डायटीशियन इस बात की सलाह देते हैं कि लंच छोड़ना नहीं चाहिए
> ⇨   अनाज से बनी वस्तु जैसे ब्रेड
> ⇨   फल और सलाद
> ⇨   प्रोटीन जैसे कि चिकन, ट्यूना फिश

डिनर

बेहतर डिनर खाने से नींद अच्छी आती है
> ⇨   आधा प्लेट फल और सब्जियाँ
> ⇨   चौथाई प्लेट प्रोटीन

चौथाई प्लेट भूरे चावल और पास्ता।

किचन और आपकी सेहत

क्या आप जानती हैं कि किचन के वर्किंग स्लैब, बरतन माँजने, सब्ज़ी आदि धोने के लिए सिंग व बरतन और खाद्य—साम्रगी रखने के लिए मौजूद शैल्फ आदि के साथ आपकी सेहत का गहरा रिश्ता है ?

वर्किंग स्लैब, सिंक आदि सही ऊँचाई पर न बने हों और किचन का अन्य सामान सही तरीक़े से व्यवस्थित न रखा गया हो, तो उसका असर शरीर पर पड़ता है, पोश्चर बिगड़ता है और इसके कारण सर्वाइकल पेन, बैक पेन, पैरों में सूजन आदि समस्याओं से शरीर ग्रस्त हो जाता है। ऐसे में सवाल उठता है कि किचन में हमारा पोश्चर कैसे ठीक रहे, ताकि सेहत ठीक रहे?

इस बारे में विशेषज्ञों का कहना है :

- ➪ किचन में सबसे जरूरी बात है कि हमारी वर्किंग स्लैब, जिस पर हम कुकिंग करते हैं, सब्ज़ियाँ काटते हैं, आटा गूँधते हैं यानी अधिकांश काम इसी पर होता है, उसकी ऊँचाई हमारी कमर तक होनी चाहिए। यदि वर्किंग स्लैब ऊँचा होगा, तो हमें उचकना पड़ेगा और नीचा होगा तो झुकना पड़ेगा, दोनों ही स्थितियाँ पोश्चर बिगाड़ सकती हैं।

- ➪ अकसर महिलाएँ एक हाथ से आटा गूँधती है और प्रैशर हाथ से लगाती हैं, जो सही नहीं है, क्योंकि इससे एक हाथ की मसल्स पर, शोल्डर पर और कमर पर प्रैशर पड़ने से उसका असर शरीर पर

पड़ता है। सही तरीक़ा है कि 1 फुट ऊँचा पटरा लें, उस पर खड़े होकर दोनों हाथों से आटा गूँधें और प्रेशर बॉडी से लगायें ताकि पोश्चर सही रहे।

ज़रूरत का सामान आसपास रखें

- देखा गया है कि किचन में महिलाएँ नीचे के कपबोर्ड में ज़्यादा सामान रखती हैं, जिसके कारण ज़रूरत पड़ने पर उन्हें बार–बार झुकना पड़ता है, जिसका असर उनकी रीढ़ की हड्डी पर पड़ता है। इसलिए ज़रूरत है अपने किचन को व्यवस्थित करने की। ज़्यादा काम में आने वाले रोज़मर्रा के सामान को अपनी आँख के लेवल या स्टैण्डिग लेवल पर रखें, जिससे बार–बार झुकना न पड़े।
- नीचे के कपबोर्ड से सामान निकालने का सही तरीक़ा है कि दोनों पैरों को खोलकर, घुटनों को मोड़ कर बैठकर सामान निकालें, झुककर नहीं। इसके साथ इस बात का भी ध्यान रखें कि नीचे के कपबोर्ड से जो भी सामान निकालना है, उसे बार–बार बैठने के बजाय एक बार में ही निकालें।
- बरतन धोने अथवा सब्ज़ी, दाल–चावल आदि धोने के लिए सिंक की ऊँचाई भी कमर के लेवल पर होनी चाहिए, वरना झुकने पर कमर में दर्द हो सकता है।
- जब आँच पर ज़्यादा देर कुकिंग करनी होती है, तो महिलाएँ स्लैब से चिपककर खड़ी होती हैं, जिससे पीछे की तरफ़ झुकना हो जाता है। ऐसे में पोश्चर ख़राब हो जाता है, साथ ही कमर–दर्द भी। इसका सही तरीक़ा है कि एक छोटा पटरा या स्टूल किचन में रखें। एक पैर फर्श पर रखें और दूसरा स्टूल पर। 5–7 मिनट बाद दूसरा पैर स्टूल पर रखें और पहला फर्श पर। ऐसा करने से कमर सीधी रहेगी और दर्द भी नहीं होगा। इसका कारण यह है कि पटरे पर पाँव रखने से वह सीधा रहता है और शरीर का वज़न भी दोनों भागों पर समानान्तर विभाजित होता रहता है और थकान भी कम होती है। बहुत–सी महिलाओं के पैरों में सूजन आ जाती है, वह भी इस उपाय से कम हो जाती है।

ज़्यादा झुकने से बचें

- यदि आपको किचन में काफ़ी देर तक काम करना है, तो अच्छा है कि हर आधे घण्टे बाद किचन में ही या आसपास चहलक़दमी कर लें अथवा किचन में एक कुरसी रखें, उस पर बैठ जायें। काफ़ी देर खड़े होने से पाँव की माँसपेशियाँ हर समय तनी रहती हैं, तो दर्द होता है। पाँव में सूजन आ जाती हो, तो किचन में कुरसी के अलावा एक दूसरी कुरसी अथवा मूढ़ा या स्टूल रखें। उस पर आधे घण्टे बाद पाँव रखें और पंजों को क्लाक वाइज़ और एण्टी क्लाक वाइज़ घुमायें, 10–15 बार ऐसा करें।

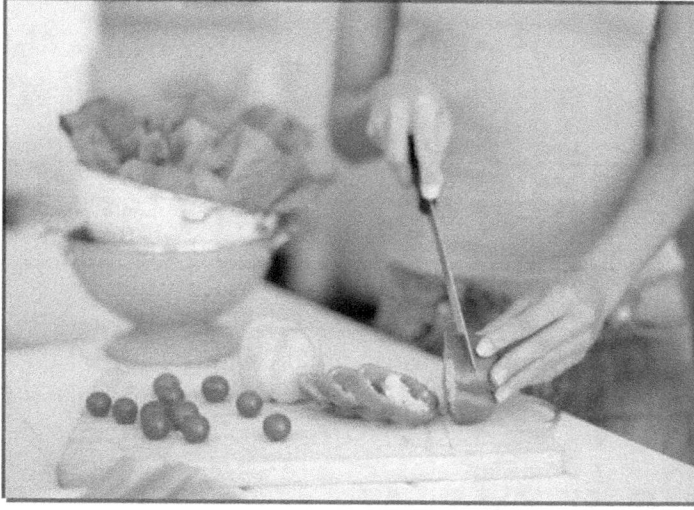

- किचन में काफ़ी देर तक सब्ज़ी आदि चलाते रहने पर सरवाइकल पेन हो जाता है। और, जिन्हें यह दर्द है, उनका दर्द बढ़ जाता है। कारण है, हर समय गरदन की माँसपेशियों का तना रहना। इसके लिए थोड़ी–थोड़ी देर में गरदन दायें–बायें, ऊपर–नीचे घुमाते रहें।
- रोटी बेलते समय, चौंपिंग व कटिंग करते समय सब कुछ कमर को बिना झुकाये सही ऊँचाई पर स्थित स्लैब पर करें। पोश्चर सही रहेगा। रोटी बेलते समय गरदन को झुकाना न पड़े, यह सही स्थिति रहती है।
- यदि वर्किंग स्लैब नीचा है, तो उसे ऊँचा करने के लिए एक वुडन स्लैब लगाया जा सकता है, पर यदि ऊँचा है, तो अच्छा रहेगा कि अपनी ऊँचाई के हिसाब से पुनः बनवा लें, ताकि पोश्चर ठीक रहे।

स्वास्थ्य और नियमित जाँच

देखा गया है कि ज़्यादातर औरतें अपने स्वास्थ्य की नियमित जाँच नहीं करातीं, जिस वजह से उन्हें बाद में भयंकर बीमारियों का सामना करना पड़ता है। आपके साथ ऐसा न हो, इसलिए आप समयानुसार निम्नलिखित टेस्ट ज़रूर कराइए।

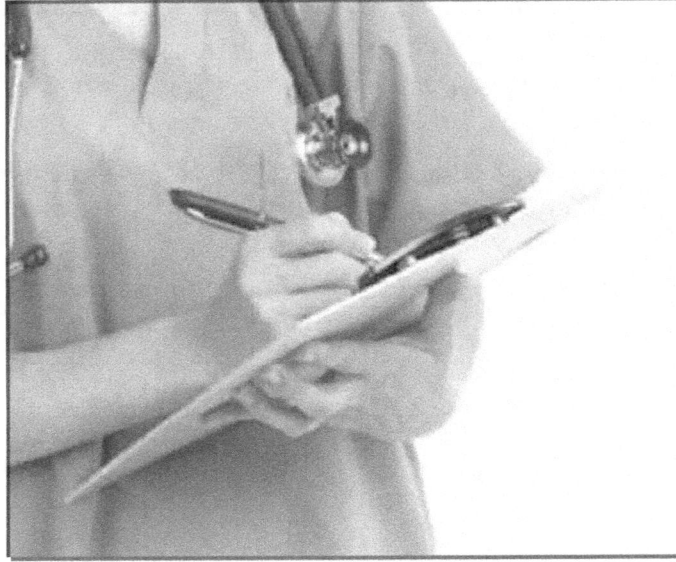

तीस पार के टेस्ट

पैप टेस्ट

आमतौर पर पैप लड़कियों में 15 साल की उम्र के बाद होने लगता है। पैप लड़कियों को सामान्यतया मासिक–धर्म के बाद से ही और कभी–कभी पहले ही होने वाले ह्वाइट डिस्चार्ज को कहते हैं। शारीरिक–सम्बन्ध बनाने से पहले पैप–टेस्ट की कोई आवश्यकता नहीं होती, लेकिन यदि आप शारीरिक–सम्बन्ध स्थापित कर चुकी हैं, तो आपको हर 12 साल के अन्तराल पर पैप–टेस्ट कराना चाहिए। सामान्यतः पैप टेस्ट 40 की उम्र से नियमित कराया जाना चाहिए, लेकिन फिर भी इससे पहले सेक्स में बहुत ज़्यादा इन्वाल्व होने पर 30 साल की उम्र से ही पैप–टेस्ट कराना सही रहेगा। पैप–टेस्ट 2 तरह के होते हैं :

ल्यूकोरिया टेस्ट : यह टेस्ट सामान्य संक्रमण के बारे में पता लगाने के लिए किया जाता है। यह टेस्ट पूरी तरह से शारीरिक–सम्बन्धों पर निर्भर करता है। वे महिलाएँ, जो विवाहित नहीं हैं या फिर शारीरिक सम्बन्धों में इन्वाल्व नहीं हैं, उन्हें इस टेस्ट की कोई ख़ास ज़रूरत नहीं होती।

इंफेक्शन टेस्ट : पैप इंफेक्शन टेस्ट भी दो तरह का होता है। एक, जो साधारण परीक्षण है। इसके पॉजिटिव होने पर सिर्फ़ एण्टीबायोटिक दवा की सहायता से ही परेशानी पर क़ाबू पाया जा सकता है। दूसरा, 'हाइपर प्लेसिया' पैप इंफेक्शन का दूसरा महत्त्वपूर्ण टेस्ट है। इस टेस्ट की सहायता से यह पता चलता है कि अण्डाशय में कोई सिस्ट तो नहीं है। सामान्यतया डाक्टर 40 साल की महिलाओं को इस टेस्ट की सलाह देते हैं। होमियोपैथी डाक्टर दीप्ति मेहता का कहना है कि हाइपर प्लेसिया का टेस्ट महिलाओं को 30 साल की आयु के बाद से ही कराना चाहिए। वैसे पैप–टेस्ट यदि सेक्स–सम्बन्ध स्थाापित होने के बाद से ही लगातार हर साल कराया जाये, तो सरवाइकल कैंसर जैसे भयानक रोगों से सुरक्षा मिल सकती है। इसके लिए लिक्विड बेस पैप–टेस्ट कराया जाता है।

मैमोग्राफ़ी

स्तन–कैंसर भारतीय महिलाओं को बहुत तेज़ी से घेर रहा है। हाल ही में हुए एक सर्वे के अनुसार अधिकतर महिलाएँ कैंसर की शिकार इसलिए होती हैं, क्योंकि वे शुरुआत में ही अपने स्वास्थ्य को गम्भीरता से नहीं लेतीं और हलकी गाँठ आदि को सामान्य मानकर उसे नज़रअन्दाज़ कर देती हैं।

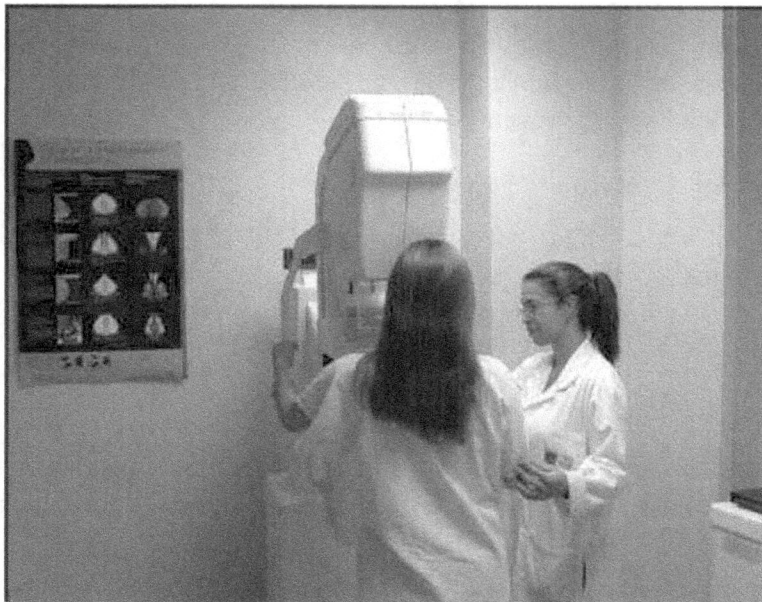

विशेषज्ञों के अनुसार, महिलाओं को अपनी नियमित स्वास्थ्य–जाँच में मैमोग्राफ़ी को शामिल करना चाहिए। 20–29 साल की महिलाओं को हर तीसरे साल में एक बार मैमोग्राफ़ी करानी चाहिए। इतना ही नहीं, इसके साथ ही बीएसएफ यानी ब्रेस्ट सेल्फ एग्ज़ाम भी करना चाहिए। ध्यान रहे, ब्रेस्ट सेल्फ एग्ज़ाम 20 साल की आयु के बाद से ही शुरू कर देना चाहिए।

लक्षण : सामान्यतया बीएसएफ करना भी आपको ब्रेस्ट–कैंसर के लिए सचेत रख सकता है, लेकिन स्तन में गिल्टी, अनचाहे दर्द या किसी भी प्रकार का रिसाव होने पर मैमोग्राफ़ी ज़रूर करायें।

अल्ट्रासाउण्ड

30 साल के बाद महिलाओं में हारमोन बदलाव होने लगते हैं, जिससे अण्डाशय का आकार बढ़ना या फिर उसमें सिस्ट यानी गाँठ बनने का डर रहता है, इसलिए हर साल अल्ट्रासाउण्ड कराना बहुत ज़रूरी है। इससे किसी सिस्ट या फिर हारमोनल बदलाव से होने वाली बीमारी को सही समय पर पहचान कर उसका तुरन्त इलाज शुरू किया जा सकता है।

बायोप्सी

एक बार अल्ट्रासाउण्ड के बाद यदि अण्डाशय में सिस्ट पायी जाती है, तो तुरन्त उसका बायोप्सी टेस्ट करायें। इस टेस्ट में इंजेक्शन की सहायता से सिस्ट के तरल पदार्थ से कुछ सेंपल लिये जाते हैं, जिनकी जाँच के बाद यह पता चल जाता है कि वह गाँठ कैंसर की है या नहीं।

लक्षण : बायोप्सी टेस्ट कराना वैसे तो आपके नियमित जाँच का एक अंग ही है, लेकिन फिर भी हारमोनल बदलाव के कारण होने वाली सिस्ट या गिल्टी, पेट के निचले भाग में दर्द, चेहरे पर अचानक बालों का उगना, वज़न बढ़ने और मासिक–धर्म के अनियमित होने पर इसे ज़रूर करायें।

चालीस पार के टेस्ट : एफएसएच टेस्ट

यह टेस्ट उस समय कराना चाहिए, जब आपकी मेनोपाज (रजोनिवृत्ति) आने वाली हो या फिर आ चुकी हो। इससे मेनोपाज के समय या बाद में होने वाली बीमारियों से बचा जा सकता है।

पेल्विक एग्ज़ाम

यह टेस्ट सालाना कराना चाहिए। इस टेस्ट की सहायता से यूटरस, जननांग, बच्चेदानी, ब्लैडर आदि में होने वाले बदलावों का पता चलता है। यदि इनमें किसी प्रकार का असामान्य बदलाव हो रहा है, तो वह इस टेस्ट के द्वारा पता चल जाता है।

कोलेस्टरोल टेस्ट

45 साल की होते ही अपने कोलस्टरोल की नियमित जाँच करायें। अगर आपकी आयु 45 से कम है और आप धूम्रपान करती हैं, तो इस बारे में अपने डाक्टर से सलाह लें कि आपको कब–कब अपना कोलेस्टरोल टेस्ट कराना चाहिए। इतना ही नहीं, अगर आप को ओबेसिटी यानी मोटापे की बीमारी है, तो आपको यह टेस्ट 40 के बाद से ही कराना चाहिए।

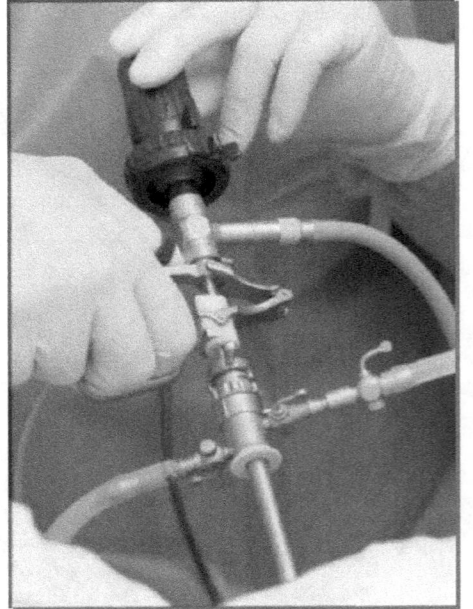

ओस्टयोपोरोसिस टेस्ट

भारत में अधिकतर महिलाएँ 30 से 35 साल की आयु तक बच्चे पैदा करती हैं। डिलीवरी के बाद महिलाओं के शरीर में बहुत अधिक मात्रा में ह्वाइट डिस्चार्ज होता है। इस कारण उनके शरीर में काफ़ी मात्रा में कैलसियम बाहर आता है और हड्डियाँ कमज़ोर होकर हलकी चोट से ही टूट जाती हैं। वैसे तो इस टेस्ट के लिए 60 साल की आयु होती है, लेकिन स्वास्थ्य को ध्यान में रखकर दूसरी या तीसरी डिलीवरी के बाद से ही इसे हर साल करायें। बोन डेंस्टियोमिस्ट्री टेस्ट भी कैल्स्यिम के लिए कराया जाता है। इससे हड्डियों में कैलसियम की मात्रा का पता चलता है।

कोलोन कैंसर

45 साल की आयु के बाद महिलाओं में कोलोन कैंसर का ख़तरा बढ़ जाता है। वैसे भारत में इसके कम ही केस देखने को मिलते हैं, फिर भी नियमित जाँच करानी ज़रूरी है।

एफओबीटी

कोलोन कैंसर के लिए हर साल एफओबीटी टेस्ट करायें। इस टेस्ट में मानव मल का सैम्पल लिया जाता है। इस टेस्ट के बाद यह पता चल जाता है कि कहीं आपके पेट में किसी प्रकार का खून आदि तो नहीं आ रहा है।

फ्लेक्सिबल सिग्मोइण्डोस्कोपी

फ्लेक्सिबल सिग्मोइण्डोस्कोपी हर 5 साल में एक बार करानी चाहिए। इसके बाद यह पता चलता है कि आपके लीवर, पेट या जननांगों में किसी प्रकार की सूजन तो नहीं है।

कोलोनोस्कोपी

कोलोनोस्कोपी हर 10 साल में एक बार करायें, यानी एक 40 तो दूसरी 50 की आयु में।

इनके अलावा कुछ टेस्ट ऐसे भी हैं, जिन्हें नियमित कराने की कोई ज़रूरत नहीं, फिर भी कुछ समय के अन्तराल पर इन्हें कराती रहें। ये टेस्ट हैं—ब्लडप्रेशर, डायबिटीज़, डिप्रेशन और ओबेसिटी (मोटापा)। ये सभी टेस्ट आप अपने आसपास के किसी भी लैब से करा सकती है। इन पर आने वाला ख़र्च भी ज़्यादा नहीं होता।

स्वास्थ्य की सुरक्षा

महिलाओं के कन्धों पर ही घर–गृहस्थी का सारा भार रहता है। इसलिए पूरे परिवार में महिलाओं को स्वस्थ रहना बेहद ज़रूरी है। जीवन में छोटी–मोटी बातें अपना महत्त्व रखती हैं। योगासन के द्वारा प्रत्येक महिला अच्छी सेहत पा सकती है। योगासन करने से शरीर में और भी निखार आ जाता है। इसके साथ–साथ उसकी कार्यक्षमता भी बढ़ जाती है। थोड़ा–सा समय देकर और स्वास्थ्य के प्रति सावधानी बरतकर महिलाएँ अपनी काया, कंचन के समान आकर्षक बना सकती हैं, साथ ही अपना कार्य भी सुखपूर्वक कर सकती हैं।

शरीर स्वस्थ और चुस्त–दुरुस्त रहने से चित्त भी प्रसन्न रहता है। आपको अपने वैवाहिक–जीवन को सुखमय बनाना है। दुःखी पत्नी के कारण परिवार का सारा सुख समाप्त हो जाता है और स्वयं पत्नी भी कष्ट पाती है। विवाहित स्त्री के अस्वस्थ हो जाने पर या उसकी अनुपस्थिति में किसी भी घर की क्या दशा हो जाती है, यह सब जानते हैं।

जिस घर में स्वस्थ, सुन्दर, कान्तिवान और हँसमुख पत्नी होती है, वह घर वास्तव में स्वर्ग के समान है। यह कथन एकदम सत्य है। अपना शरीर स्वस्थ, मुद्रा आकर्षक और उत्साहपूर्ण बनाये रखने के लिए आपको किसी विशेष प्रकार की तपस्या, आराधना अथवा उपासना करने की आवश्यकता नहीं है।

निम्नलिखित बातों का पालन करना आपके लिए पर्याप्त होगा—

☞ प्रतिदिन सूर्यादय से पूर्व उठें। उठने के साथ ही एक गिलास ताज़ा पानी पियें। पानी में नींबू भी निचोड़ सकती हैं। यह आपके पेट को साफ़ करेगा। शौचादि के बाद दाँतों, जुबान और मुँह की सफ़ाई करें। फिर ठण्डे पानी से स्नान करें। यह सब करने के बाद व्यायाम आदि अपनी स्थिति के अनुसार करें।

☞ उपर्युक्त कार्यों से निवृत होकर महिलाएँ अपने घर के काम–काज में लग जायें। चाय, नाश्ता, भोजन एवं बच्चों की देखभाल का कार्य करें। हरेक काम मन लगाकर पूरी दिलचस्पी से करें, अर्थात् अपनी गृहस्थी का पूरा कार्य करें। ध्यान रखें, नौकरों व नौकरानियों पर छोड़ा गया कार्य न तो ठीक से होता है और न ही वे आपकी बचत आदि का ख़्याल रखते हैं। अतः रसोई का सब कार्य स्वयं करना

ही अच्छा रहता है। ऊपरी कार्य में सहायता देने, बाज़ार से सौदा–सब्ज़ी लाने, गृहस्थी के बाहरी कार्यों तथा बच्चों आदि की देखभाल के लिए नौकरानी अथवा नौकर रखे जाते हैं। खाना बनाने, घर की सफ़ाई, बच्चों की देखभाल के साथ–साथ पति की देखभाल का कार्य स्वयं करना चाहिए। पति यदि सवेरे ही ड्यूटी पर जाने वाला हो, तो उसकी ज़रूरतों का सब सामान उपलब्ध कराना ही एक अच्छी पत्नी का कर्त्तव्य होता है।

- दिन और रात में केवल दो बार हल्का भोजन करें। गरिष्ठ भोजन कम–से–कम करें। ज़्यादा खट्टी और मिर्च–मसालों की वस्तुओं का प्रयोग न करें। नमक सीमित मात्रा में लें। बहुत गरम या एकदम ठण्डा भोजन न करें। किसी भी अवसर पर, किसी भी समय भरपेट भोजन न करें, इतना खायें कि पेट कुछ ख़ाली रहे। चर्बी बढ़ाने वाले पदार्थों का सेवन कम–से–कम करें। भोजन के प्रति जितनी सतर्कता से काम लिया जायेगा, उतना ही आपके लिए अच्छा है।
- शयन करते समय ध्यान रखें कि सिरहाना आवश्यकतानुसार ऊँचा रहे। लगातार एक करवट न सोयें। पेट के बल सोना महिलाओं के लिए हानिकारक है। गरदन या शरीर टेढ़ा–मेढ़ा करके सोना भी ठीक नही रहता। पैर सिकोड़कर या सिर के नीचे हाथ रखकर सोना भी हानि पहुँचाता है। रात में अधिक से अधिक ग्यारह बजे तक सो जायें। बिस्तर पर लेटने के बाद अपने दिमाग़ को सब चिन्ताओं से मुक्त कर दें। शान्त मन से अपनी निद्रा पूरी करें।
- जीवन में मनोरंजन की बहुत आवश्यकता है। बच्चों के साथ या परिवार के सदस्यों के साथ मन–बहलाव अवश्य करें। निरन्तर काम और चुपचाप पड़े रहना आपके जीवन की उमंगों को कम कर देगा और आप केवल एक मशीन बनकर रह जायेंगी। रेडियो, टेलीविजन, फ़िल्म के साथ–साथ बच्चों के साथ खेलकूद कर और दूसरों के साथ हँस–बोल कर अपना मनोरंजन अवश्य करें। मन को ठीक और शरीर के रक्त–संचार को दुरुस्त रखने के लिए कुछ न कुछ मनोरंजन आवश्यक है। इससे मन बहलता है और काम करने के अलावा शरीर को शक्ति की प्राप्ति होती है।
- जिस कमरे में आप सोयें, उसका स्वच्छ होना बेहद ज़रूरी है। जाला, कीड़े–मकोड़ों का वहाँ वास नहीं होना चाहिए। दोनों समय कमरे की सफ़ाई बहुत आवश्यक है। कमरे में खुली हवा आने का

पर्याप्त साधन होना चाहिए। खिड़की, झरोखे अवश्य हों। कमरे का वातावरण घुटन भरा न हो। किसी प्रकार की अँगीठी, मिट्टी के तेल का दिया जलाकर कभी नहीं सोना चाहिए। आपका बिस्तर भी साफ़ होना चाहिए। इन सब बातों का ध्यान रखेंगी, तो आपको बहुत अच्छी नींद आयेगी और आपके स्वास्थ्य की भी पूरी सुरक्षा होगी। यदि प्रातःकाल आप दो–चार योगासन कर सकें, तो आपके शरीर के लिए वह सोने पर सुहागा का काम करेंगे। शरीर को स्वस्थ और सुडौल बनाये रखने के लिए निम्नलिखित योगासन किये जा सकते हैं।

उत्तानपादासन

महिलाएँ इस आसन को आसानी से कर सकती हैं। यह नाभिकेन्द्र को ठीक करता है। आमाशय की जलन, पेट की जलन, पेट का दर्द, वायु–विकार (पेट–गैस), अपच, कब्ज़, अतिसार, खट्टी डकारों का आना, वमन आदि को दूर करता है। स्त्रियों की घबराहट (नर्वसनेस) को दूर करता है और स्नायु–तन्त्र को क्रियाशील बनाता है। इससे मेरुदण्ड (रीढ़ की हड्डी) तथा शरीर की आन्तरिक कोशिकाएँ पुष्ट तथा सशक्त बनती हैं।

प्रसव के बाद सदा रहने वाला कमर और पीठ का दर्द जाता रहता है। जाँघें तथा टाँगे सुडौल बनती हैं। नये रक्त का बनना आरम्भ हो जाता है। यदि किसी महिला को नाभि हट जाने की शिकायत हो, तो यह आसन उस शिकायत को दूर करता है। इसकी विधि निम्नलिखित है–

पीठ के बल दोनों पैरों की एड़ियों को मिलाकर ज़मीन पर लेट जायें। हाथों को नितम्बों पर लगायें। ऊपर और नीचे का भाग ज़मीन से लगभग एक फुट ऊपर उठायें रखें (जैसा कि चित्र में दिखाया गया है)। तत्पश्चात् हाथों को नितम्बों से हटायें और जाँघ के निकट सीधा रखें। केवल कमर का भाग ज़मीन से लगा रहे, किन्तु कमर के ऊपर तथा नीचे का भाग ज़रा–सा भी ज़मीन को छूने न पाये। यही इस आसन की विधि है।

उत्तानमण्डूकासन

यह आसन महिलाओं की कमर को पतला और लचीला बनाता है। शरीर को सुन्दर और सुडौल बनाता है, क्योंकि इस आसन का नियमित अभ्यास करने से शरीर के भीतर की नाड़ियों में रक्त अच्छी प्रकार प्रभावित होने लगता है। इससे फेफड़ों की सफ़ाई होती है, श्वास तथा आयु को दीर्घ बनाता है। महिलाओं के सिर चकराने के रोग को ठीक करता है, विकृत नाभि को भी ठीक करने में लाभदायक है।

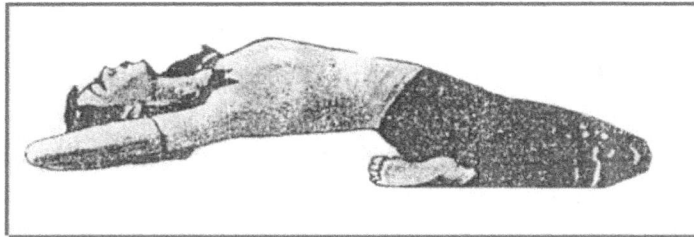

इस आसन की प्रारम्भिक अवस्था में सबसे पहले वज्रासन की स्थिति में बैठा जाता है। फिर दोनों कोहनियाँ ज़मीन से लगायी जाती हैं। इस क्रिया के बाद दोनों हाथों की कोहनियों पर शरीर का भार डालते हुए सिर को ज़मीन से लगायें। कमर, सिर और कन्धों को भी ज़मीन से लगायें। अब दायें हाथ से बायें बाजू और बायें हाथ से दायें बाजू को पकड़ लें। इस आसन की सही स्थिति आप उपर्युक्त चित्र में देख सकती हैं।

मत्स्यासन

यह आसन त्वचा को निरोग, चेहरे को आकर्षक और शरीर को कान्तिवान बनाता है। इससे मेरुदण्ड में लचक आती है तथा इसके विकार ठीक होते हैं। महिलाओं के गर्भाशय और मासिक–धर्म सम्बन्धी रोग दूर होते हैं। यह टांसिल, मधुमेह, घुटनों तथा कमर–दर्द के लिए भी लाभदायक है। श्वास सम्बन्धित रोगों, जैसे खाँसी, दमा तथा श्वासनली के शोथ (सूजन) को दूर करता है। फेफड़ों के लिए भी यह आसन लाभदायक है। गरदन के तनाव तथा कन्धों की पीड़ा को मिटाता है। शुद्ध रक्त का निर्माण तथा संचार करता है, मानसिक दुर्बलता को दूर करता है। टाँगों तथा भुजाओं को सशक्त बनाता है।

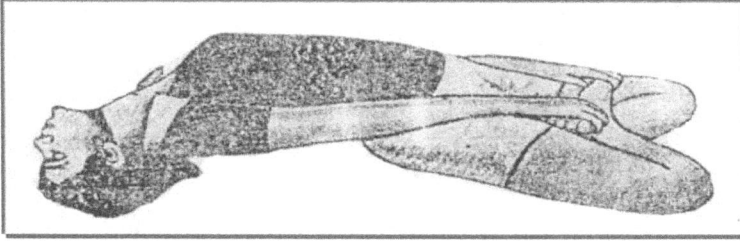

पहले पदमासन की स्थिति में बैठ जायें। अपनी पीठ के भाग को ज़मीन से उठायें तथा सिर को इतना पीछे ले जायें कि सिर की चोटी (अथवा बाल) का भाग ज़मीन से लग जाये। अब दायें हाथ से बायें पैर का अँगूठा और बायें हाथ से दायें पैर का अँगूठा पकड़ लें। फिर चित्रानुसार घुटनों को ज़मीन से लगाकर पीठ के भाग को ऊपर उठायें, ताकि सारा शरीर केवल घुटनों और सिर के बल ऊपर उठ जाये। यही इस आसन की सम्पूर्ण विधि है।

चक्रासन

यह आसन महिलाओं के शरीर को रबर के समान लचीला और सुन्दर बनाता है। मेरुदण्ड और फेफड़े की हड्डियाँ लचीली बन जाती हैं, जिस कारण यौवन देर तक कायम रहता है। इसके प्रतिदिन के अभ्यास से कमर पतली, सुन्दर, आकर्षक, लचकदार तथा चौड़ी, माँसल और सुडौल हो जाती है। माँस–पेशियों के मज़बूत होने के कारण घुटने, हाथ–पाँव, और बाहें पुष्ट और चुस्त हो जाती हैं। यह बढ़े हुए पेट को कम करता है, चर्बी को पिघलाता है, नाभिमण्डल ठीक स्थान पर आ जाता है। पेट के समस्त विकारों को दूर करता हैं। इससे पिण्डलियाँ तथा जाँघें पुष्ट हो जाती है। बाँहों का ऊपरी भाग शक्तिशाली हो जाता है। यदि किसी महिला का कद छोटा हो, तो इस आसन से निःसन्देह उसकी लम्बाई बढ़ जायेगी।

आसन की प्रारम्भिक अवस्था में पीठ के बल ज़मीन पर लेट जायें। नितम्बों को दोनों पैरों से सटाकर ज़मीन पर रखें। दोनों टाँगों को घुटनों से मोड़ें, फिर दोनों पैरों से सटाकर ज़मीन पर रखें। दोनों टाँगों को घुटनों से मोड़ें, फिर दोनों कोहनियों को सिर की दोनों बगलों में ज़मीन पर जमा दें। इसके बाद कमर को उठाकर, शरीर के बीच को एकदम गोल कर लें (जैसा कि चित्र में दिखाया गया है)।

उपर्युक्त क्रिया के बाद सिर को निढाल छोड़ दें। कुछ क्षणों तक इसी स्थिति में रहें और फिर कमर को धीरे–धीरे नीचे लायें। इसमें पंजों पर पूरा शरीर उठता है।

अर्द्ध–मत्स्येन्द्रासन

यह आसन माँसपेशियों तथा जोड़ों को अधिक लचीला बनाता है। इससे शक्ति की प्राप्ति होती है। यह जठराग्नि को बढ़ाता है। मधुमेह तथा आँत उतरने में भी लाभकारी है। वायु–विकार (गैस) को दूर करता है। इससे मोटापा दूर होता है। कमर लचकदार एवं गरदन पतली और लम्बी होती है। इससे जाँघों की माँसपेशियों का अच्छा व्यायाम हो जाता है।

किसी चादर या दरी पर बैठकर, बायें पाँव की एड़ी को दायीं ओर से लायें तथा नितम्ब के पास स्थापित करें, ताकि एड़ी का भाग गुदा के निकट लग जाये। बायें पाँव के घुटने के निकट दायें पाँव के पंजे का ज़मीन पर टिकायें।

फिर वक्षस्थल के निकट बायीं भुजा को स्थापित करें। पीछे की ओर से दायें हाथ के द्वारा कमर को लपेटें तथा नाभि को स्पर्श करने का प्रयास करें। दृष्टि नाक की सीध में रखें। यह आसन केवल स्वास्थ्यवर्धक ही नहीं, बल्कि सौन्दर्यवर्धक भी है।

अन्त में....

हम आशा करते हैं कि प्रस्तुत पुस्तक आपकी नारी सौंदर्य एवं फिटनेस सम्बन्धी सम्पूर्ण जिज्ञासाओं के समाधान में सहायक सिद्ध हुई होगी। नारी के स्वास्थ्य सम्बन्धी विभिन्न समस्याओं के समाधान के लिए आप हमारे यहाँ से प्रकाशित इस विषय की कोई दूसरी पुस्तक लेकर अपने ज्ञान में वृद्धि कर सकते हैं।

www.ingramcontent.com/pod-product-compliance
Lightning Source LLC
LaVergne TN
LVHW081328060426
835513LV00012B/1231
* 9 7 8 9 3 5 0 5 7 6 1 6 8 *